Cultura Lean

Las claves de la mejora continua

PROFIT
editorial

© Màrius Gil, 2024
© Profit Editorial I., S.L. 2024

Diseño cubierta: XicArt
Maquetación: Montserrat Minguell

ISBN: 978-84-19841-35-3
Depósito legal: B 3-2024
Primera edición: 2017
Segunda edición: Enero de 2024

Impreso por: Gráficas Rey, S.L.
Impreso en España – *Printed in Spain*

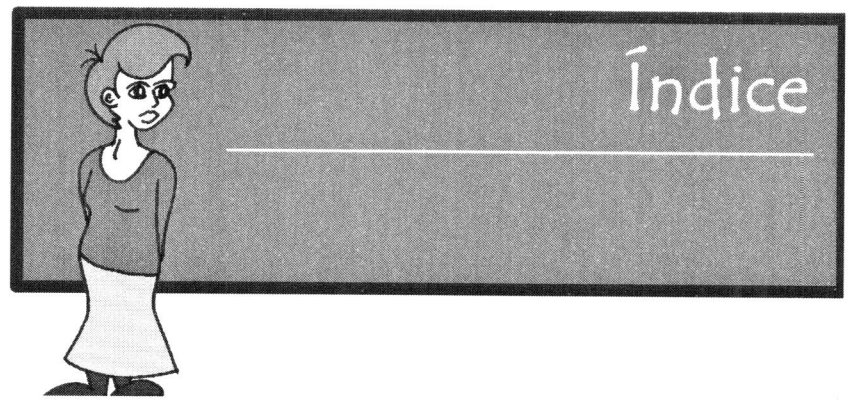

Índice

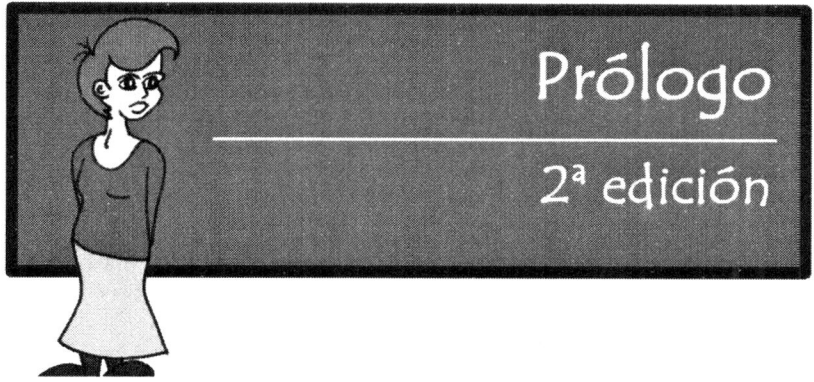

Prólogo
2ª edición

Desde que se publicó la primera edición de este libro en 2017 han cambiado sustancialmente las reglas del juego que afectan a la gran mayoría de las organizaciones. Nos hemos acostumbrado a ver con cierta frecuencia como desaparecían compañías que, a priori, todo indicaba que gozaban de una salud de hierro. En menos de un siglo, la esperanza de vida de las grandes corporaciones ha caído en más de 50 años, pasando de una media de 67 años a principios de siglo XX a unos escasos 18 en la actualidad. Todo indica que esta tendencia se va a mantener en el futuro hasta el punto de que algunos estudios incluso van un paso más lejos, pronosticando que el 75% de las organizaciones que actualmente figuran en el S&P500 habrán desaparecido en menos de una década.

Hasta hace pocos años las empresas de éxito, aquellas que crecían de manera sólida y continuada eran las que habían encontrado una ventaja competitiva y sabían aprovecharla. El modelo de empresa sustentado en la ventaja competitiva funcionaba perfectamente en un mundo estable y previsible.

Este mundo ha pasado a la historia. En el momento actual la ventaja competitiva del presente puede ser totalmente inoperante en un futuro próximo. En este nuevo contexto, muchos aspectos que en un pasado reciente se consideraban verdades absolutas, son cuestionados e incluso sustituidos por nuevos paradigmas de actuación.

Todo ello nos lleva a considerar la importancia de evolucionar hacia una mentalidad que nos obligue a cuestionarnos continuamente el estado actual de las organizaciones como base para innovar y tomar la decisión correcta respecto a cada paso que deseamos emprender. En este sentido, las cuatro dimensiones de la cultura 'lean' adquieren mayor relevancia:

- Comprometerse con un **propósito** y compartir unos objetivos globales a todos los niveles de la organización.
- Dar poder a los equipos y desarrollar a las **personas** para que cada uno pueda tomar decisiones en su área de actuación.
- Mejorar continuamente los **procesos** y estandarizar la solución más adecuada para aportar valor a los clientes.
- Celebrar los éxitos y aprender de los fracasos. Enfrentarse a los **problemas** con curiosidad y voluntad de aprender.

En definitiva, se trata de una cultura que, a lo largo de los años que han transcurrido entre la primera y la segunda edición de este libro se ha reafirmado como una necesidad básica para aquellas organizaciones que desean afrontar el futuro con la voluntad de abrazar nuevas formas de trabajo. Solo con este enfoque se puede aspirar a resultados claramente disruptivos.

Prólogo

La transformación

En los últimos años estamos asistiendo a un crecimiento impresionante del volumen de publicaciones sobre la mejora continua y, más en concreto, sobre la cultura 'lean', como se conoce en los países anglosajones, de donde provienen la mayoría de dichas publicaciones. Prueba de ello es que, hoy en día, si buscamos el término 'lean' en Google, el buscador nos devuelve en menos de un segundo 220.000.000 de entradas que responden en mayor o menor medida a nuestra solicitud. Resulta evidente, por lo tanto, que hay una gran cantidad de artículos y estudios que tratan de algún modo tanto las metodologías como las herramientas que hace más de medio siglo desarrolló el fabricante de automóviles Toyota.

En el entorno actual caracterizado por un exceso de oferta generalizado, es fácil encontrar en muchos de estos libros algunos conceptos que pretenden ser novedosos y otros que, siendo conocidos, han sido rebautizados repetidamente, intentando cambiar el enfoque de las herramientas que en su momento diseñó Toyota para sus centros de fabricación. Parece que en un mundo que avanza a gran velocidad la novedad es un valor al que se recorre incluso cuando lo único nuevo es el nombre que identifica a un concepto, herramienta o producto.

El libro que tiene en sus manos no pretende explicarle una nueva herramienta o metodología. Todo lo contrario. Este libro nace con el objetivo de retornar a las bases de la mejora continua. Durante más de 20 años hemos acompañado a un gran número de organizaciones en sus procesos de transformación y con frecuencia hemos detectado que al afrontar un cambio en la cultura de trabajo, fallan en la implantación de los elementos esenciales del sistema. Es por ello por lo que, en este libro hacemos una exposición detallada de todos aquellos conceptos que constituyen los cimientos de la mejora continua y que, demasiadas veces han quedado en el olvido. Para explicar de forma amena todos estos conceptos hemos intentado adoptar un enfoque pedagógico que facilitara al lector profano en estos temas una buena comprensión de los razonamientos expuestos. A tal efecto el texto viene complementado por un buen número de imágenes que esperamos sean de ayuda para comprender las temáticas explicadas. Regido por este objetivo, el libro avanza capítulo a capítulo explicando todos aquellos conceptos que debe tener en cuenta toda organización que desee iniciarse en la cultura 'lean'.

Finalmente, queremos expresar al lector nuestro deseo de que su lectura le sea de interés y le ayude en su camino a la mejora continua, al tiempo que le animamos a hacernos llegar aquellas aportaciones que nos permitan enriquecerla en futuras revisiones.

Capítulo 1

La cultura 'lean'

En este capítulo...

Entenderemos la evolución histórica que ha contribuido al desarrollo del 'lean management'

Hablaremos de los distintos sistemas utilizados en diversas épocas para la gestión de procesos

Explicaremos algunos hitos históricos que en su momento representaron una revolución de los sistemas de trabajo

1.1 Un poco de historia...

"Tanto si piensas que puedes como si piensas que no puedes, estás en lo cierto."
Henry Ford (1863-1947)

El periodo histórico que se conoce como la Edad Antigua alumbró las primeras civilizaciones cuyo crecimiento y extensión dieron lugar a grandes avances para la historia de la Humanidad, como fueron por ejemplo los inicios de la escritura. En su etapa de máxima plenitud, algunas de estas civilizaciones llegaron a erigirse como imperios globales gracias principalmente al progreso de la agricultura, la logística y el comercio. Es muy probable que conviviendo con estos motores de progreso existiera algun tipo de industria mínimamente estructurada que promoviera el crecimiento de las ciudades-estado. Sin embargo, y aunque la existencia de organizaciones gremiales está plenamente documentada, los textos que han llegado hasta la actualidad se refieren principalmente a actividades relacionadas con la artesanía. Probablemente la única excepción a este patrón que mostraría un estadio embrionario de industrialización la encontraríamos en la antigua China del emperador Qin (259aC-210aC) quien, en su afán por reunificar los denominados imperios combatientes, desarrolló un proceso de fabricación de ballestas para uso militar, equipadas con un sofisticado disparador compuesto de piezas intercambiables de bronce. Por lo que sabemos, el emperador Qin Shi Huangdi tenía una gran preocupación por la estandarización en todos los ámbitos y su legado no se limita a los procesos de fabricación de material bélico. En efecto, tras la reconquista del imperio, fue el gran impulsor de la unificación tanto de la escritura como de los sistemas de pesos y medidas en todos sus dominios.

1.2 Los primeros pasos

"Standard Work y Mejora Continua son dos caras de la misma moneda"
Kiichiro Toyoda (1894-1952)

Para encontrar una referencia histórica en que se nos describa un proceso claramente industrial debemos avanzar hasta el siglo VIII y desplazarnos hasta Venecia, una ciudad que a lo largo de la Edad Media se convirtió en el imperio mercantil más rico del Mediterráneo. Esto fue posible en gran parte gracias al poderío de su flota naval, que llegó a ser la más importante del mundo conocido.

La tecnología que propició el crecimiento de la flota veneciana nació y se desarrolló en el astillero más eficiente e importante de la Edad Media: el Arsenal. Sus orígenes se remontan a la época en la que Venecia era todavía una provincia del Imperio Bizantino, si bien, la verdadera revolución tecnológica se produjo a partir del año 1320 con la construcción del Arsenal Nuovo, un complejo que ocupaba a más de 16000 personas y donde se concentraban tanto las operaciones básicas de fabricación y ensamblaje como las labores de mantenimiento de los barcos.

En estos astilleros se desarrolló un sistema de construcción sumamente avanzado para la época, hasta el punto de que se conseguía un ritmo de fabricación de un barco al día y donde, por primera vez en la historia, se aplicaban algunos de los principios 'lean'. En esencia el nuevo método consistía en construir, como primera etapa del proceso una estructura base sobre la que se ensamblaba el resto de la nave. Esta técnica de producción era mucho más rápida que el anterior método romano basado en la construcción escalonada de navíos paso a paso desde la quilla.

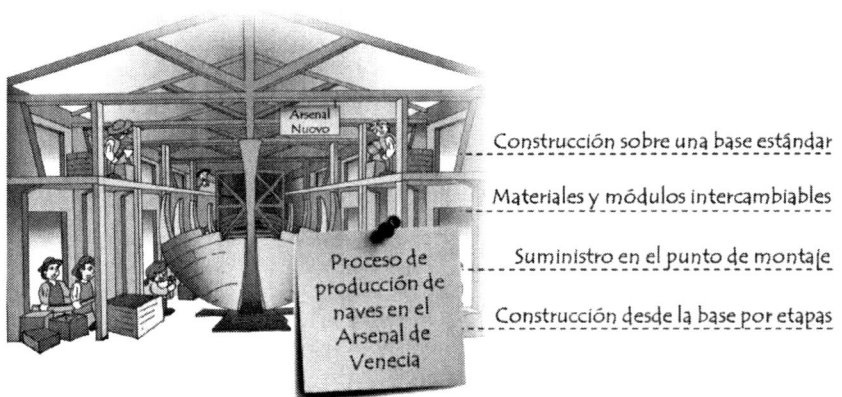

Esquema del proceso de construcción de buques en el Arsenal Nuovo de Venecia. Gracias a la estandarización de piezas y a los cambios introducidos en las técnicas de construcción de las naves (base estándar y trabajo por etapas) eran capaces de producir un barco al día.

Entre el siglo XIV al que acabamos de referirnos y los inicios del siglo XIX sólo encontramos casos puntuales de la aplicación de conceptos 'lean' en su mayor medida en la industria militar.

Ejemplos de estas aplicaciones son el diseño de piezas intercambiables para ciertas armas del ejército francés, o el desarrollo de procesos estandarizados para la producción de las velas de los navíos de la armada inglesa. Sin lugar a dudas, el caso más destacable de la época es la aportación a la industrialización de procesos que hizo el estadounidense Oliver Evans en el siglo XVIII al construir un molino que funcionaba de forma automática en todo el proceso de transformación del grano en harina.

Sólo unos años después, ya en los inicios de la revolución industrial, vieron la luz los primeros estudios que tratan de la optimización de procesos. El año 1776, Adam Smith expuso la necesidad de la especialización como principio general para conseguir el objetivo de aumentar la productividad. A finales de siglo XIX, los estudios sobre el control de métodos y tiempos desarrolladas por F.W.Taylor, fueron acogidos con gran entusiasmo por los empresarios de la época, que vieron en sus planteamientos una forma de aumentar la productividad y reducir los tiempos ociosos de los obreros aunque ello fuera a costa de deshumanizar el trabajo. Este aspecto negativo del llamado taylorismo generó un profundo rechazo por parte de las clases obreras, además de alguna que otra caricaturización magistral como la que refleja Charles Chaplin en su inolvidable 'Tiempos modernos'.

Mas o menos en la misma época, Frederick y Lillian Gilbreth, cuyos trabajos erróneamente se han asociado a las teorías de Taylor, llevaban a cabo sus estudios sobre la mejora de procesos partiendo de un enfoque radicalmente diferente: en lugar de cronometrar operaciones y definir métodos, el matrimonio Gilbreth centraba su investigación en reducir los movimientos innecesarios que realizaban los operarios. El trabajo de los Gilbreth constituye un gran paso adelante en el análisis y mejora de los procesos que podía aplicarse a sectores muy diversos.

También en esta época el equipo de Henry Ford, liderado por Charles E. Sorensen inicio la construcción de la primera línea de ensamblaje de automóviles que funcionaba en régimen continuo. La gran novedad de este sistema consistía en hacer llegar los componentes a manos de los operarios en lugar de que fueran estos los que debieran desplazarse a buscarlas.

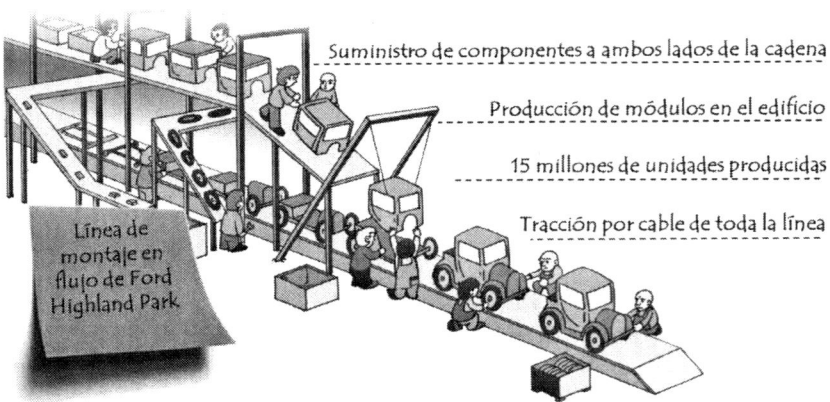

Esquema del proceso de montaje del Ford modelo 'T' en la fábrica de Highland Park. Una línea continua de ensamblaje recibía todos los materiales previamente fabricados en el mismo, edificio justo en el punto adecuado para su ensamblaje.

Fue a partir del año 1913 y después de mucho tiempo experimentando con los conceptos de creación de flujo en procesos productivos, cuando los ingenieros de Ford consiguieron integrar toda la producción del modelo 'T' en un único edificio de seis plantas en el que cada sección trabajaba de forma cuasi-autónoma, entregando módulos y componentes a la línea principal de ensamblaje compuesta por ochenta y cuatro estaciones de trabajo y alimentada mediante cintas transportadoras a través de los miles de huecos, conductos y canalizaciones por los que se comunicaban las distintas secciones del edificio.

A lo largo de más de una década Ford fue aumentando ininterrumpidamente la productividad y los volúmenes de producción de la planta de forma espectacular. Sirvan de ejemplo la evolución de los siguientes indicadores registrados por la propia compañía:

▫ Reducción del lead time de 21 a 14 días.

▫ Reducción del tiempo de producción de 750 a 93 minutos.

▫ Reducción del precio de venta del 'T' de 700 a 350USD.

La contraofensiva a toda esta revolución productiva vino a partir de 1920 por parte de General Motors y otros fabricantes os cuales empezaron a lanzar al mercado modelos más atractivos, con actualizaciones y mejoras tecnológicas que desbancaban al modelo 'T' de su posición de liderazgo. La cartera de pedidos se vio severamente afectada y Ford no tuvo otra alternativa que reducir los volúmenes de producción hasta que el 31 de mayo de 1927 salió de la línea la última unidad de los modelos 'T'. A partir de este momento, la planta de Highland Park se destinó principalmente a la fabricación de carrocerías o tractores hasta la fecha de su cierre definitivo.

Este mismo año 2027 la empresa trasladó su producción a la nueva planta de River Rouge, un complejo industrial que integraba en unas mismas instalaciones toda la producción de componentes con el proceso de ensamblaje del producto terminado. El primer vehículo que salió de las puertas de River Rouge fue el modelo 'A'.

En aquellos años, General Motors estaba introduciendo un nuevo estilo de dirección orientado a maximizar el retorno de la inversión y asignar objetivos específicos para cada una de las secciones y divisiones de la empresa. Gracias al crecimiento y a los resultados obtenidos, GM se convirtió en la empresa a imitar tanto a nivel productivo como en lo referente a sus sistemas de gestión, hasta el punto de que incluso Ford, que había sido pionera en la integración de procesos productivos con el modelo 'T' y su fábrica de Highland Park, reconsideró la validez de su propio modelo estratégico.

Como resultado de este proceso de reflexión, el diseño de su nueva planta de River Rouge se inspiró en un modelo de producción desacoplado (dividido por secciones) de acuerdo con las nuevas corrientes lideradas por su más directo competidor.

A pesar de este cambio en el sistema productivo, las lecciones de Highland Park no caerían en el olvido. Uno de los ingenieros que aprendió hasta los más mínimos detalles del sistema de producción en masa de Ford aprovechó todo este conocimiento e incluso lo amplio hasta niveles inexplorados: se trataba de Kiichiro Toyoda.

1.3 Los inicios de Toyota

Busque las causas que le impiden trabajar en un entorno de '0' stocks y elimínelas"
Taiichi Ohno (1912-1990)

Durante los siglos XVIII y XIX en Japón se hizo muy popular la construcción de una especie de autómatas de gran complejidad mecánica capaces de moverse de forma repetitiva imitando movimientos humanos. Su utilidad se limitaba básicamente a recrear el movimiento que daba vida a las marionetas. Sin embargo, llegaron a alcanzar un nivel tan alto de calidad y realismo en sus movimientos, que se hicieron merecedores del nombre de 'karakuri', término que podríamos traducir como 'aparatos mecánicos para producir la sorpresa en las personas'.

En el siglo XIX la fiebre del 'karakuri' llegó hasta tal punto que los señores feudales de las distintas regiones en las que se dividía el país competían entre ellos para ver quién disponía de los más talentosos artesanos, expertos en construir estas pequeñas joyas de la llamémosla paleorobotica.

Es muy probable que la enorme afición que despertaron estos inofensivos autómatas mecánicos en la región de Aichi fuera la semilla de las grandes industrias que, años después se fundarían en aquella misma región y que, a lo largo del siglo XX llegarían a convertirse en grandes multinacionales y lideres tecnológicas. Vale la pena señalar que el fundador de Toshiba así como el mismo Sakichi Toyoda, fundador de Toyota, eran grandes maestros del 'karakuri'.

A principios del siglo XX Sakichi Toyoda, estimulado por el libro de autoayuda 'Saigoku risshi hen' que relata la historia de un diseñador textil, fundó la Toyoda Automatic Loom Works, empresa dedicada a la producción de maquinaria para el sector textil. Gracias a sus conocimientos técnicos, Toyoda puso en práctica un buen número de innovaciones y registró nuevas patentes que convirtieron su empresa en un referente mundial del sector de construcción de maquinaria textil.

El año 1910 Sakichi viajó por primera vez a los Estados Unidos y allí quedó profundamente impresionado de ver la gran cantidad de vehículos que circulaban por las calles y el nivel tecnológico de la industria automovilística americana. Este viaje le impactó hasta tal punto que, a su regreso al Japón, Sakichi convenció a su hijo para que fundara una empresa automovilística japonesa.

En 1929 Kiichiro, hijo de Sakichi, siguiendo las instrucciones de su padre, se fue a Estados Unidos con el objetivo de estudiar los sistemas de trabajo de la industria automovilística americana en las plantas de Ford. Aquel mismo año, Sakichi Toyoda tomó una decisión histórica: vendió todas sus patentes de la Toyoda Automatic Loom Works a una empresa británica para financiar la puesta en marcha de la empresa automovilística.

A pesar de los ingentes esfuerzos que la familia Toyoda dedicó a su proyecto, los inicios de la empresa fueron difíciles. La situación se agravó todavía más con el estallido de la segunda guerra mundial, cuando gran parte de las instalaciones de Toyota (ahora ya rebautizada de forma que el nombre se pudiera escribir sólo con ocho trazos, un número considerado afortunado por los japoneses) quedaron destruidas por los ataques de la aviación norteamericana.

Con el fin de la guerra, el año 1945, el país entraba en un periodo de ocupación norteamericana que duraría siete años. La actividad de la empresa quedó interrumpida en espera de que le fuera concedida una autorización para reiniciar la producción de vehículos para uso civil (que finalmente llegó el mes de diciembre del mismo año). En aquel momento tan crítico para la compañía, el presidente Kiichiro Toyoda, a pesar de su profundo respeto por todo el personal que trabajaba en la empresa, se vio obligado a reestructurar el grupo. Al tomar esta decisión tan dolorosa como obligada, Kiichiro tuvo el gesto de presentar su renuncia a la dirección del grupo.

A pesar de este entorno adverso, Toyota ansiaba seguir el camino abierto por Ford, el constructor americano que más había avanzado en la estandarización de métodos, materiales y modelos, manteniendo de este modo, los costes de producción sistemáticamente por debajo de la media del sector. Sin embargo, los directivos de Toyota se encontraban en una encrucijada: por un lado eran conscientes de la necesidad de invertir en la modernización de instalaciones y técnicas productivas, pero, al mismo tiempo, no se les ocultaba en modo alguno que la situación económica del país era tan precaria que había problemas incluso para el aprovisionamiento de materias primas.

Para hacer frente a este escenario tan desalentador, el equipo directivo optó por programar una nueva etapa de formación en las factorías de Ford, a la que asistió el mismo Eiji Toyoda (director ejecutivo de la empresa). Este programa supuso un punto de inflexión en la evolución de Toyota. En efecto, como resultado de esta visita, el equipo de ingenieros liderado por Taichi Ohno, puso en marcha un conjunto de innovaciones que, con el paso del tiempo, derivó en una verdadera revolución de los sistemas de producción de tal magnitud que les reportó un reconocimiento global hasta convertirles en celebridades.

El modelo de Ford funcionaba bien en Estados Unidos debido a que el mercado americano era lo suficientemente grande como para absorber una gran cantidad de vehículos del mismo modelo. En cambio, el mercado japonés era mucho más reducido, de modo que una empresa automovilística sólo sería competitiva si sus líneas de producción eran capaces de producir una gran variedad de modelos. Así pues, en su camino hacia la excelencia, no sólo la estabilidad (y la robustez) de los procesos serían los conceptos a trabajar, sino que también la flexibilidad seria un elemento clave de este esquema novedoso que con el tiempo se convertiría en el sistema de producción de Toyota (TPS).

En un entorno de escasez de materiales, Toyota solo podía sobrevivir si destinaba los recursos disponibles a producir únicamente aquello que el cliente necesitaba, en su justa cantidad y a tiempo.

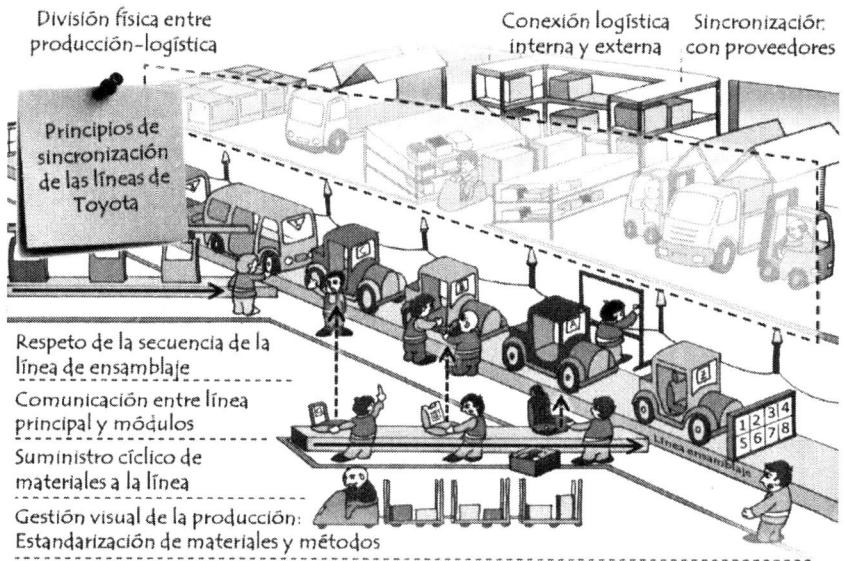

Modelo de planta de Toyota, en el que se puede apreciar la conexión entre las zonas de gestión de materiales y las zonas de montaje. Se advierte además la agilidad en el cambio de referencias en la línea según las necesidades del cliente.

La evolución histórica del sector del automóvil desde sus inicios a principios del siglo XX hasta la década de 1950 nos permite entender las virtudes del sistema Toyota. Debemos considerar dos circunstancias externas a la empresa que influyeron en la formulación de las bases de dicho sistema. Primero, una situación de crisis extrema del país durante las décadas de la post-guerra combinada con una estricta contingentación de las importaciones que se traducía en una insuficiencia de materias primas generalizada. El segundo factor que condicionaría el futuro de la empresa en unos años críticos en que la demanda nacional seguía bajo minimos fue la guerra de Corea (1950-53). Aquella contienda abrió el mercado de los vehículos militares que demandaban las tropas americanas para sus operaciones. La experiencia de estos primeros años, al lado de los factores tan decisivos enunciados mas arriba, nos explican el hecho que aún hoy el sistema mantiene como principio de su filosofía la necesidad de hacer 'más con menos'.

Ya en los años 1970, Toyota consiguió estructurar su sistema de trabajo estandarizando aquellas metodologías que había desarrollado el equipo de Taiichi Ohno, durante los años 1950 y 1960. Al mismo tiempo, la empresa empezó a incorporar algunas de las técnicas introducidas por E.Deming y J.Juran que en el campo de la gestión de calidad habían alcanzado una gran popularidad en la industria japonesa. Pero no fue hasta los años 80 cuando las herramientas de mejora de la calidad unidas a la filosofía de mejora continua 'kaizen' mostraron su indiscutible eficacia al mundo entero.

A principios de los 80, y después de tres décadas de puesta en práctica del sistema, los vehículos producidos por Toyota gozaban de un nivel de calidad, tecnología y costes claramente superiores respecto a sus competidores americanos y europeos. A partir de aquel momento y a la vista de los resultados sumamente positivos del fabricante japonés, muchas empresas principalmente del sector del automóvil empezaron a interesarse primero, y más tarde a adoptar las técnicas de producción de Toyota. Empresas como Hewlett-Packard con su programa 'stockless production' o el programa de Motorola (que posteriormente sería bautizado como 'Six Sigma'), son ejemplos de la adopción de los conceptos 'lean' en otros entornos.

1.4 La consolidación del 'lean'

*"Si el alumno no ha aprendido,
El profesor no ha enseñado"*
Taiichi Ohno (1912-1990)

Durante el verano de 1987 en las oficinas del Instituto Tecnológico de Massachussets el equipo de James Womack estaba buscando un nombre que describiese de forma inequívoca el conjunto de artículos y trabajos que en breve iban a publicarse como una recopilación de cinco años de estudio del sistema de producción de Toyota. Todo el equipo había trabajado intensamente para conocer y difundir las claves del sistema de producción del fabricante japonés y sólo les faltaba encontrar un nombre que lo definiera. Después de plantear varias propuestas, el ingeniero John Krafcik propuso bautizar el 'sistema de producción de Toyota' con el nombre 'Lean Management'. Esta denominación genérica, así como las publicaciones y actividades de divulgación del equipo de Womack ayudó a desvincular la filosofía de la mejora continua del sector del automóvil (al desaparecer el nombre de Toyota] y, en pocos años, esta desconexión allanó el camino para que el sistema 'Lean' empezara a aplicarse prácticamente en todos los sectores industriales demostrando así su utilidad en cualquiera de ellos.

A partir de los años 1990 y principios de siglo XXI el 'Lean Management' inició una fase de expansión desde los procesos productivos hasta abarcar los procesos de gestión de la información, servicios y finalmente el desarrollo de nuevos productos. Actualmente, existen ejemplos de aplicación del sistema 'lean' en prácticamente todos los sectores.

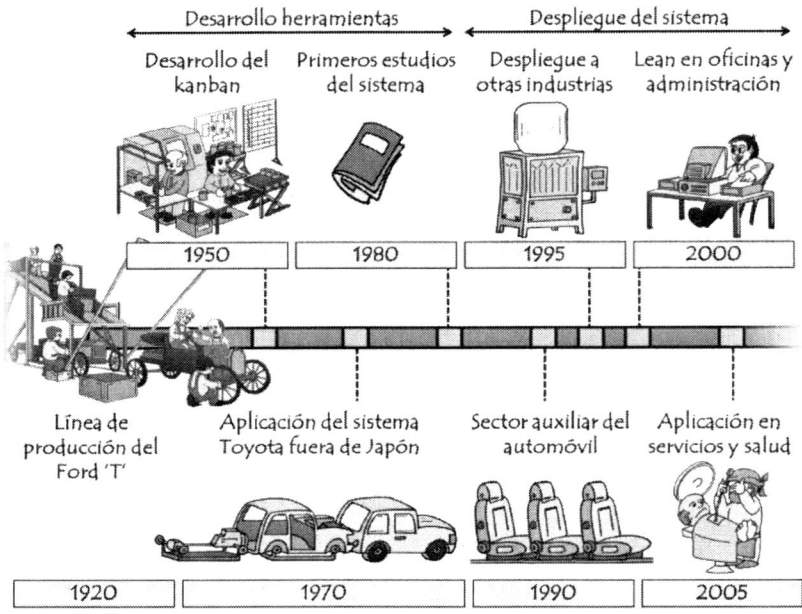

Línea temporal que muestra los grandes hitos del último siglo que han contribuido al desarrollo del sistema 'lean' y lo han convertido en una cultura de trabajo global.

La visión histórica expuesta en este capítulo nos permite entender cómo ha evolucionado el conocimiento de la mejora continua a lo largo del tiempo. Estas experiencias, utilizadas como punto de partida, nos abren el camino para iniciar el trabajo de implantación del sistema en nuestras organizaciones.

Capítulo 2

El cambio cultural

En este capítulo…

Entenderemos la ejecución del programa de transformación

Explicaremos la forma de gestionar el cambio de cultura a nivel global

Entenderemos cómo debemos actuar ante las reticencias y dudas que plantea el personal involucrado en el cambio

2.1 El proceso de cambio

El cliente es el eslabón más importante de la línea de producción"
W. Edwards Deming (1879-1955)

La mayoría de los genetistas utilizan como base de sus estudios sobre la evolución humana las mutaciones que sufre la mosca de la fruta (Drosophila), una especie que presenta un ADN muy parecido al humano pero cuyo ciclo de vida es del orden de dos semanas. Gracias a este breve ciclo de vida, los científicos pueden estudiar cómo va mutando y evoluciona la especie ya que, en periodos de tiempo relativamente cortos, a escala humana, se pueden llegar a analizar decenas de generaciones sucesivas.

Justamente en el año 1995 cuando tres científicos fueron galardonados con el premio Nobel de medicina por sus trabajos basados en el estudio de la drosophila, Charles H. Fine, profesor del Instituto Tecnológico de Massachussets, vino a preguntarse si este reloj interno que observamos en los seres vivos podemos encontrarlo también en el mundo empresarial: ¿Existe acaso una 'velocidad de mutación' propia, y al mismo tiempo diferente para cada organización?

En sus estudios, el profesor Fine analizó exhaustivamente la velocidad de mutación en empresas de diversos sectores, observando que ciertamente el ritmo al que evolucionan las empresas es diferente en función del sector a que pertenecen.

Por lo tanto, podemos concluir que esta velocidad de mutación es un parámetro que indica claramente la capacidad intrínseca de cada sector para evolucionar, cambiar la cultura interna y al mismo tiempo, transformar radicalmente la forma de hacer las cosas.

El profesor Fine indica en sus observaciones que, por ejemplo, el sector de las tecnologías de información se parecería a la 'mosca de la fruta' de las organizaciones; se trata en efecto de empresas que presentan un ciclo de transformación que podemos llegar a medir en meses. En poco tiempo este sector puede cambiar de arriba a abajo hasta tal punto que se da el caso de compañías que habiendo gozado de una posición de liderazgo en cierto momento pueden verse en el trance de desaparecer en cuestión de pocos años. En el otro extremo tenemos aquellas organizaciones que presentan una velocidad de mutación lenta. Nos referimos a sectores que requieren de años o décadas para cambiar significativamente tanto a nivel interno como a nivel externo. Un buen ejemplo sería la industria aeronáutica, un sector donde los procesos de transformación se miden en décadas.

A pesar de que gran parte de los estudios del profesor Fine se centraban en el análisis de las fuerzas de integración y disgregación de las cadenas de suministro, es evidente que existe una relación entre la velocidad de mutación que rige las relaciones entre empresas que son parte de una misma cadena de suministro y la capacidad de cambio cultural de la propia organización. Ante un proceso de cambio, no es igual la resistencia a la que debe enfrentarse una industria farmacéutica (un sector sometido a estrictas normas y regulaciones) que la que puede experimentar una empresa del sector del automóvil, acostumbrado a modificar sus procesos de cabo a rabo cada vez que se lanza un nuevo vehículo al mercado.

Todo lo anterior nos conduce a entender que el concepto de cambio, en su más amplio sentido, es el tema principal que debe afrontar la dirección en esta etapa tan incipiente de la transformación. No es necesario siquiera conocer los detalles o el contenido del nuevo entorno al que se plantea llegar. Simplemente es necesario evaluar la capacidad que tiene la organización para acometer un proceso que puede ser largo y, en ciertos casos, traumático dependiendo del sector.

Precisamente en su famoso libro 'liderando el cambio', John P. Kotter declara que el motivo que le impulsó a estudiar el concepto de cambio durante los años 1970 fue su firme convicción de que se aproximaba una época en la que muchas empresas norteamericanas se verían sometidas a los efectos de gran cantidad de innovaciones. En esta visión particular sobre el futuro, Kotter también alertaba del peligro de incurrir en una gran cantidad de errores derivados de abordar superficialmente estos procesos de cambio.

Es evidente que esta visión que tenía Kotter en los años setenta del siglo pasado, ha adquirido una mayor dimensión en la actualidad si tenemos en cuenta el papel transformador que ha jugado la digitalización en muchos sectores y el impacto que ha tenido en el modelo de negocio de un buen número de empresas. La evolución exponencial que están experimentando muchas de las tecnologías basadas en los datos, está acelerando los cambios a todos los niveles. Productos, mercados y servicios están sufriendo disrupciones con cierta frecuencia.

Para reaccionar ante estos cambios radicales con garantías de éxito es necesario que la organización esté preparada para adaptarse continuamente a los cambios del contexto al tiempo y en la medida en que se producen.

2.2 La preparación del cambio

"El progreso es imposible si no existe la habilidad de admitir errores".
Masaaki Imai (1930)

La cultura de una organización se podría definir como el sedimento que, con el paso de los años, va depositando la conducta de sus líderes, lo que podemos entender también como un proceso de transmisión de hábitos y actitudes a lo largo del tiempo. En consecuencia, debemos aceptar que la transformación cultural no es ni puede plantearse como un proceso rápido.

La dificultad en llevarlo a cabo aumenta sobre todo en aquellas organizaciones o sectores que muestran una baja velocidad de mutación ya que al ser menos permeables a nuevas maneras de actuar hace que su implantación completa, hasta conseguir que la nueva cultura y los nuevos hábitos se extiendan a todo el personal, se alargue varios años.

Por todo ello es necesario que quienes lideran el proceso muestren una convicción, un compromiso y una fe inquebrantables en el futuro. En realidad, el cambio sólo llega a buen puerto cuando la dirección asume un papel determinante y expresa un compromiso claro con el nuevo modelo a implementar.

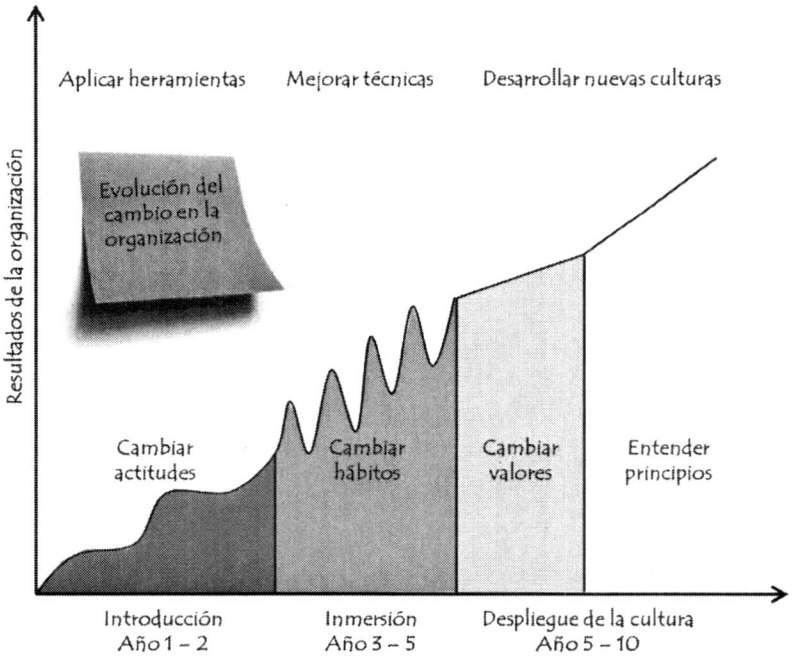

Evolución de las mejoras a medida que se va afianzando el cambio cultural en la organización. Durante los primeros meses de implantación el resultado es más bien errático y sólo cuando la nueva cultura de trabajo se extiende a todos los colaboradores de la organización se llega a consolidar el resultado.

Este compromiso es el punto de partida inexcusable para iniciar con buenas perspectivas un trabajo sistemático que podemos resumir con la siguiente secuencia de actividades:

- **Crear una sensación de urgencia.** No se trata de cambiar por cambiar, hay unas razones poderosas para ello y es necesario empezar cuanto antes a explicarlas a todos los afectados.

- **Nominar un equipo que lidere el cambio.** Un equipo integrado por personal con energía, formación y con la autonomía suficiente para tomar decisiones.

- **Desarrollar una visión.** Se trata de explicar el 'por qué' del cambio y el 'cómo' se va a desarrollar el proceso.

- **Comunicar esta visión.** Todos los promotores del cambio deben dedicar gran parte de su tiempo y sus energías a explicar y aclarar dudas a quien lo precise.

- **Facilitar los primeros pasos.** Es necesario retirar los obstáculos del camino para ayudar al equipo designado a iniciar el proceso de transformación.

- **Generar ganancias a corto plazo.** Las primeras mejoras y resultados aportan confianza y fortaleza al proceso de cambio. Es necesario crear ejemplos que muestren las virtudes del cambio.

- **Consolidar resultados.** Extender el cambio a todos los procesos, departamentos y secciones a medida que se van consolidando los primeros pasos.

- **Consolidar la nueva cultura.** Explicar cómo se han obtenido los resultados y la relación que tienen estos resultados con el cambio cultural de la organización.

A pesar de haber planificado y trabajado concienzudamente todos los aspectos de la transformación es previsible que, ya desde un principio, se produzcan reacciones muy variadas por parte de los colaboradores. Hay que entender que todo 'cambio' de paradigma supone llevar a las personas a moverse en un entorno de incertidumbre, un entorno desconocido e inicialmente incómodo, alejado de los parámetros habituales de trabajo lo que puede causar un impacto significativo a nivel psicológico que cada uno de los afectados gestiona de manera muy personal.

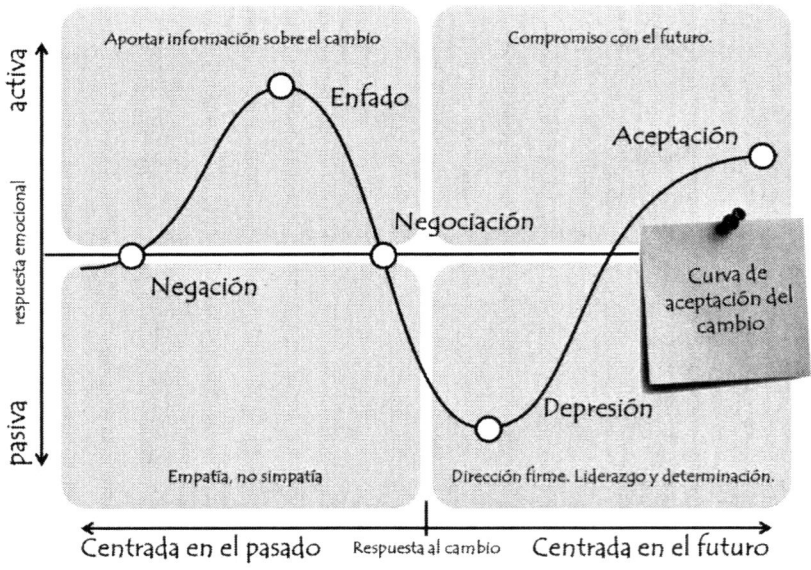

Gráfico que muestra cómo evoluciona la reacción del individuo ante el cambio. Desde unas etapas iniciales centradas en comparar el cambio con la situación anterior a que se produjera y a través de varias fases intermedias, se llega a un estado de aceptación. En cada una de las etapas se expone la actitud que debe asumir quien lidere el cambio para ayudar a quien lo sufre.

El proceso de adaptación personal a un nuevo entorno de incertidumbre lo describió detalladamente la Dra. Elisabeth Kübler Ross basándose en sus experiencias de varias décadas de trabajo con pacientes terminales. Ante cambios de cierta magnitud, la gran mayoría de personas pasan por diferentes estados: a una fase inicial de negación de la realidad le sucede una segunda fase de ira, una tercera fase de negociación, una cuarta fase de depresión y finalmente, una fase final de aceptación y compromiso con la nueva realidad.

Como muestra la figura, en cada uno de los tramos de la curva la respuesta de quien soporta el cambio es más o menos activa. Así pues, en las fases iniciales la persona sigue anclada en el pasado, comparando constantemente la situación actual con la anterior. A partir de cierto momento asume el cambio como parte de la nueva realidad y su actitud se vuelve más proactiva de cara a aceptar el futuro.

Lógicamente, estas fases se ponen de manifiesto de forma más visible en aquellas personas que muestran una oposición frontal a la nueva situación. No obstante, hay que entender que estamos hablando de una reacción natural que se produce como consecuencia de la incertidumbre asociada a este proceso de cambio y, por tanto, no sólo se manifestará en aquellas personas que se muestren abiertamente contrarias a las acciones propuestas, sino que también en alguna medida puede darse en personas que a priori se muestran favorables a ellas.

Todo ello, trasladado al ámbito de una organización empresarial y sabiendo de antemano cuáles son los comportamientos previsibles durante los primeros tiempos de transformación, hace necesario que la dirección realice un seguimiento individualizado de todos los colaboradores que juegan un papel relevante en el cambio, actuando con diligencia para gestionar las emociones y reacciones que se vayan produciendo.

En función del punto de la curva por el que transiten, nuestros colaboradores precisaran de un tipo de respuesta u otra. En ciertos estados les hará falta un mayor nivel de información, en otros casos una dirección firme y comprometida con el futuro que refuerce su posición.

2.3 El liderazgo del cambio

"Tenemos fe en Dios:
El resto de los mortales debemos aportar datos"
W.Edwards Deming (1900-1993)

Paralelamente a la reacción individual de cada persona a lo largo de este proceso de transformación cultural, cabe esperar también una reacción grupal o colectiva que también debe tratarse de manera conveniente.

En todas las organizaciones nos encontraremos con una respuesta social a cualquier propuesta de cambio que puede tomar formas diferentes según la naturaleza del grupo: es muy probable que aparezca un primer conjunto constituido por los agentes del cambio; se trata de un colectivo de personas especialmente motivadas desde un inicio que ayudarán a la puesta en marcha del proceso.

Un segundo conjunto lo formara el gran colectivo de indecisos y escépticos que evolucionarán al ritmo en que mejore la organización y que tomaran partido a medida que se materialicen los resultados de todo este proceso. Este grupo que reúne inicialmente a la mayoría del personal afectado se mostrará expectante, observando las acciones que se estén implantando y los resultados obtenidos antes de manifestar una actitud favorable o contraria al cambio.

Finalmente, existe un tercer grupo compuesto por lo que en Toyota denominan como 'anticuerpos' del cambio. Este es un colectivo muy interesante al que se debe prestar una especial atención en todo momento pues se define por su actitud más o menos explícita dirigida a ralentizar, o peor aún, detener el cambio.

Para potenciar la transformación organizativa, es muy habitual que la dirección dedique sus mejores esfuerzos a animar a los agentes del cambio intentando que su fuerza y energía arrastre al resto de la organización. Ésta es una mala política. Debemos tener en cuenta, que la fuerza pro-transformacion debe contrarrestar a la fuerza en sentido contrario que ejerce el colectivo de los llamados 'anticuerpos', de modo que es muy probable que con esta estrategia unas fuerzas y otras queden compensadas mientras la organización en su conjunto va consumiendo energía sin que se produzcan avances significativos.

Actitud de la dirección ante el cambio. El soporte dirigido a los agentes activos del cambio produce un impacto reducido sobre los resultados. Por el contrario, abordar de forma abierta el problema con el colectivo reacio al cambio facilita el camino hacia el éxito.

Las organizaciones que ya tienen una experiencia en el cambio y que trabajan en un proceso de mejora continua consideran que es mejor actuar desde la dirección sobre el grupo de los anticuerpos, atacando directamente a la fuente de negatividad mediante una buena dosis de información, aportando todas aquellas explicaciones necesarias sobre el proceso de transformación y demostrando claramente que el compromiso de la dirección con el cambio es firme: no es un debate, no es una opción, la transformación de la organización no tiene alternativa ni marcha atrás.

Obviamente, en este relato subyace un aspecto que no hemos tratado directamente y que es necesario tener en cuenta. En todas las organizaciones en las que se realiza un proceso de cambio llega un momento en el que se identifica a un grupo reducido de personas que, a pesar de disponer de toda la información y después de tantas sesiones de formación como sean necesarias, muestran una incapacidad total para adaptarse a la nueva cultura de la empresa. Esto es un hecho que ha pasado tanto en Toyota como en todas aquellas organizaciones que han triunfado en la implantación de este proceso de cambio en todos los niveles, desde la alta dirección hasta el peldaño más bajo de la jerarquía de mando. Hay que aceptar los hechos: estas personas que no se sienten cómodas con la nueva cultura de trabajo tienen la oportunidad de desarrollarse profesionalmente en otras organizaciones donde encaje mejor su perfil profesional y humano. No hay alternativa. Lo contrario, la pretensión de llevar a cabo una transformación cultural en la que todo el mundo esté cómodo implica asumir la premisa que, en caso de que alguien no desee cambiar, no se va a transformar nada.

El ritmo de cambio es una decisión de la organización y, en ningún caso puede verse condicionado precisamente por aquellas personas que muestran una mayor resistencia a la nueva cultura de trabajo.

Capítulo 3
El plan de transformación

En este capítulo...

Expondremos las razones para implantar una nueva cultura de trabajo

Explicaremos los principios básicos del proceso de transformación

Entenderemos los pasos a seguir en el plan de transformación

3.1 Una nueva cultura

"Todos piensan en cambiar el mundo,
pero nadie piensa en cambiarse a sí mismo."
Alexei Tolstoi (1882-1945)

En las economías de libre competencia, las empresas deben librar una lucha a diario si quieren mantener una posición de liderazgo en el mercado, que les asegure la supervivencia. Aquellas empresas que consiguen diferenciar sus productos o servicios deben aprovechar la ventaja que ello les da, por pequeña que sea, para seguir desarrollando nuevos productos y servicios. En ningún caso pueden relajarse o reducir el ritmo de innovación y mejora, pues la fuerte presión de competencia se mantiene constante. A este respecto Jack Welch, quien fue presidente de General Electric durante veinte años, afirmaba que una empresa podía mantenerse en un negocio sólo si conseguía situarse en una de las dos primeras posiciones del mercado. En caso contrario, estaba condenada a sufrir e incluso a desaparecer. Fiel a esta filosofía, GE se desprendió de la mayoría de las unidades de negocio que no gozaban de una de estas posiciones.

La diferenciación es el valor supremo de la supervivencia en el mundo empresarial. Todas las empresas buscan de forma persistente aquella característica o cualidad que permite aupar a un producto o servicio hasta una posición de liderazgo, de modo que sus clientes aprecien en ellos un mayor valor respecto a la oferta de la competencia. Bajo estas premisas, podemos calificar una organización de excelente cuando es capaz de ofrecer de forma continuada un valor añadido a sus clientes y colaboradores en un entorno cambiante. Con este objetivo en mente la mayoría de las organizaciones a nivel mundial se han esforzado durante largos años en implantar programas y dinámicas de mejora. Naturalmente, ni todos los resultados han satisfecho las expectativas iniciales ni todas las organizaciones han desarrollado el proceso de implantación de un programa de mejora continua del mismo modo.

Algunas organizaciones muestran una apariencia o un escaparate 'lean'. Es necesario penetrar un poco más allá de la imagen que proyecta esta fachada exterior y valorar el trasfondo de su gestión para identificar la realidad que esconde el día a día.

Un gran número de empresas se han limitado a reproducir aquellas partes del programa que sabían que les había funcionado a otros. Y, como sería de esperar, el hecho de copiar algo que funciona en una organización puntera no convierte de forma automática a otra empresa en excelente.

Son muchas las empresas de todo el mundo que durante las últimas décadas han trabajado en la implantación de programas y dinámicas de mejora sin obtener resultados tangibles. Sobre este particular, un artículo de la revista 'The Economist' publicado el año 2000, reveló que sólo el 20% de las empresas que había iniciado algún programa de mejora había conseguido los beneficios esperados. Alrededor del 60% de las organizaciones habían conseguido mejoras durante un breve período de tiempo y un 17% no habían apreciado ninguna mejora.

Diez años después de este primer artículo, un estudio de 'Accenture' realizado sobre una muestra integrada por ejecutivos de un centenar de grandes empresas americanas reflejaba que la situación seguía siendo la misma: la mitad de estas organizaciones encuestadas tenían implantados en el 2010 distintos programas de mejora continua y afirmaban que las mejoras obtenidas tenían un impacto mínimo en los resultados de la compañía.

Estos datos son demoledores si tenemos en cuenta el esfuerzo económico, las energías y el tiempo invertido en los programas de mejora. ¿Cómo se entiende que una empresa que dedica tal cantidad de recursos a implantar un sistema de trabajo que se ha demostrado válido sea incapaz de obtener buenos resultados? Sin lugar a dudas la respuesta a esta pregunta viene dada en función de las decisiones que toma la empresa desde el mismo instante de iniciar el proceso de cambio, decisiones que condicionarán el calado y la cualidad de los cambios a adoptar.

A finales del siglo XIX el científico británico H.W.Bates publicó el resultado de sus observaciones sobre la capacidad de algunas especies en modificar su aspecto exterior. El objetivo que persigue esta metamorfosis no es otro que el dotar a los individuos de una especie inofensiva de una apariencia temible para sus naturales depredadores, pues ellos carecen totalmente de estos rasgos. A esta facultad se le da el nombre de mimetismo batesiano en honor a su descubridor, y su práctica está enormemente extendida tanto en el mundo animal como en el vegetal, con resultados sorprendentes.

Es muy ilustrativo el ejemplo de ciertas especies de serpiente coral: a cierta distancia, es muy probable que incluso un experto confunda una especie inofensiva por una que no lo es. Sin embargo, a medida que nos acercamos, las diferencias empiezan a ser visibles hasta que, en el caso extremo de un ataque, las consecuencias de una mordedura en uno u otro caso son totalmente distintas. Mientras que la dentellada de la serpiente venenosa puede llegar a ser mortal, en el caso de la especie imitadora sus efectos no irán más allá de un ligero dolor.

Es interesante conocer estos comportamientos propios del mundo natural ya que en el fondo son muy parecidas a los planteamientos sobre los que se han basado una gran cantidad de compañías para implantar un sistema de mejora continua sin que ello los haya llevado a conseguir los resultados esperados. Sin temor a equivocarnos podemos afirmar que hay un número significativo de organizaciones cuya estrategia de gestión se limita a adoptar un patrón de actuación determinado, o sea se mimetizan, para seguir con el ejemplo anterior, según lo que dictan en cada momento las modas que se llevan en el mundillo de la gestión. El problema es que el nivel de compromiso con el que asumen el cambio es muy bajo o nulo. Simplemente esperan obtener los resultados que otros han conseguido sólo con ponerse el disfraz más 'à la page'.

Resultados obtenidos en empresas como consecuencia de la implantación de un programa de mejora

Datos obtenidos del artículo 'an inside job' publicado en The Economist, 13/06/2000

Estudio de 'The Economist' del año 2000. Menos del 20% de las organizaciones que han implantado un sistema de trabajo 'lean' han conseguido que los resultados muestren un impacto claro en los beneficios de la empresa.

La implantación de todo nuevo sistema precisa de un compromiso estratégico asumido desde la alta dirección. Por este motivo, antes de adoptar un sistema edificado sobre la base de un modelo específico, es necesario que la dirección reflexione en cuanto a si los valores que promueve se ajustan a la cultura propia de la empresa.

Es preciso admitir que todavía hoy son pocas las empresas que realizan este examen de conciencia como paso previo a la puesta en marcha de un modelo de trabajo. A pesar de los innumerables fracasos ocurridos en la implantación de sistemas organizativos, sigue siendo muy habitual que la adopción de uno u otro modelo venga determinada por la información que llega a oídos de la dirección respecto a cada uno de ellos: si un modelo tiene buena prensa, se procede a su implantación sin detenerse a calibrar el grado de probabilidad de obtener los resultados prometidos.

En el caso del modelo de Toyota, es muy probable que la decisión de implantar el sistema se tome con la mente puesta tan solo en las herramientas, los paneles de gestión, la imagen que proyectan las fábricas y los brillantes resultados que ha obtenido el fabricante japonés olvidando el profundo cambio cultural que la organización debe afrontar. Al igual que en el ejemplo del mimetismo de los reptiles, la mayoría de las empresas aceptan el cambio pensando en los rasgos distintivos y el aspecto general de lo que han visto o les han explicado, y se olvidan de que la auténtica efectividad del sistema sólo se pone de manifiesto en el momento de la mordedura. Todo lo demás es 'attrezzo': en el momento de la verdad, si no se asumen cambios estructurales de cierta magnitud, la imagen de la empresa puede parecer excelente, pero operativamente es totalmente inocua.

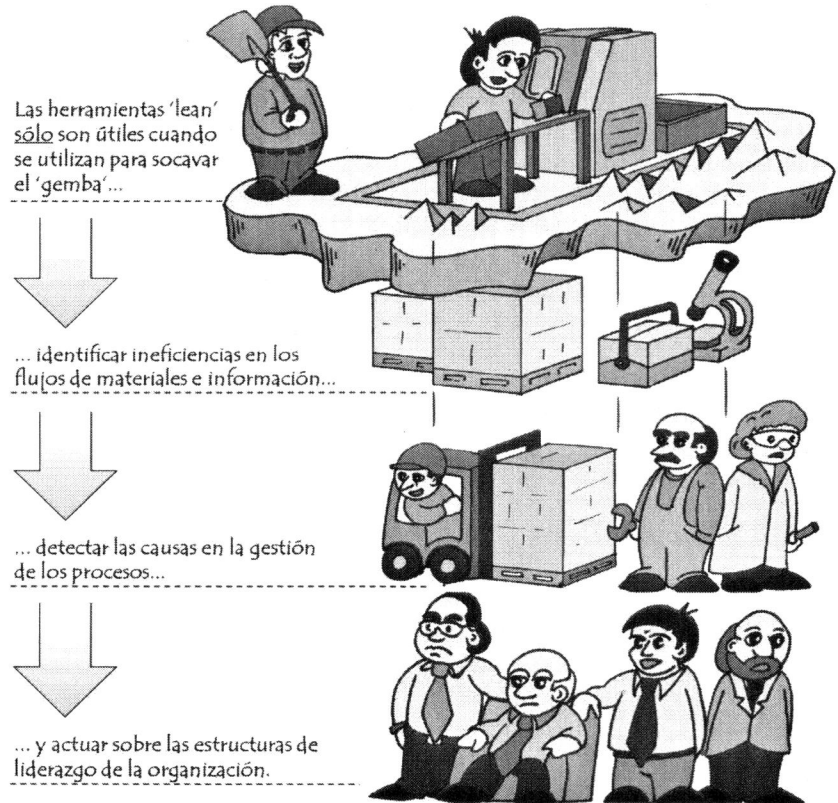

Las herramientas 'lean' sólo son útiles cuando se utilizan para socavar el 'gemba'...

... identificar ineficiencias en los flujos de materiales e información...

... detectar las causas en la gestión de los procesos...

... y actuar sobre las estructuras de liderazgo de la organización.

Las herramientas 'lean' deben utilizarse para poner al descubierto ineficiencias y pérdidas en la organización. No son un fin en sí mismas.

Abundando en el tema de las herramientas 'lean' de las cuales hablaremos extensamente en otro capítulo, cabe señalar que sólo sirven cuando se utilizan de forma adecuada y con el fin de desentrañar las causas reales de los problemas. En general, cuando observamos un proceso sólo somos capaces de percibir los síntomas de los problemas. Las causas se mantienen ocultas a nuestra vista, por lo que no es fácil determinar cuáles son las acciones necesarias para erradicarlos. Por este motivo se hace necesario excavar hasta las raíces de estos síntomas de forma que podamos sacar a la luz el problema que se oculta bajo la superficie, el proceso que lo genera y, en definitiva, las estructuras de gestión que lo mantienen vivo.

Sin embargo, a la hora de decidir sobre la implantación del sistema, habitualmente la dirección desvía el foco de los aspectos troncales y pone su mayor atención en conocer el funcionamiento de algunas de las herramientas al tiempo que muestra su preocupación en saber cuánto tiempo deberá dedicar el personal a actividades de mejora, por no citar aquellos casos cuya mayor preocupación o curiosidad es el significado de ciertas palabras que aparecen sin traducir del japonés.

Por sorprendente que parezca, después de más de veinte años trabajando en procesos de transformación, constatamos que son muy pocos los directivos que plantean abiertamente su inquietud sobre el impacto del nuevo sistema en lo que concierne a **su propio trabajo**. En la mayoría de los casos, la dirección percibe el sistema como algo ajeno y alejado de su trabajo diario. Como decía Tolstoi, 'todos piensan en cambiar al mundo, pero nadie piensa en cambiarse a sí mismo'.

De nada sirve intentar obtener beneficios de forma rápida si la organización no está preparada para el cambio. No hay atajos. Es necesario seguir el camino paso a paso: los resultados son consecuencia del camino recorrido.

Pero, al final del camino la realidad se impone, y los beneficios sólo llegan si toda la organización se estructura a todos los niveles de forma que compartan unos valores comunes y trabajen en una misma dirección. Si una empresa toma la decisión de adoptar un sistema de trabajo en base únicamente a los resultados que otros han conseguido, es muy probable que sus esfuerzos se limiten a copiar sólo la parte mas llamativa del sistema, aquello que han visto funcionar en otras organizaciones sin entender sus razones y sin poder transmitir a sus colaboradores el porqué de cada una de las acciones. En muchas ocasiones las prisas de la dirección en saltar directamente a la casilla de los resultados por la vía de copiar soluciones ajenas es el camino más directo al fracaso. Esta forma de actuar es muy probable que derive en una implantación desequilibrada, con secciones de la empresa que avanzan a distintos ritmos y finalmente, no es raro que se produzcan tensiones entre los colaboradores. El desenlace a que nos conducen estas situaciones acostumbra a ser la cancelación del programa, cuando algún directivo decide enterrarlo argumentando que no genera los beneficios esperados. El paso siguiente no es otro que la implantación de otro modelo que quizá en este momento esté más de 'moda', y vuelta a empezar.

3.2 Las bases del sistema

"Mejorar habitualmente significa hacer algo que no se había probado hasta el momento".
Shigeo Shingo (1909-1990)

Para adoptar una cultura de trabajo sustentada en la filosofía 'lean', debemos comprender una serie de factores elementales que constituyen la sólida base sobre la que se asienta el sistema. El desarrollo en profundidad de cada uno de estos elementos ayudará a que el equipo directivo de la compañía pueda esbozar un diseño propio como paso previo a la implantación. Los cinco factores que constituyen la base sobre la que se construye el lean management son: **'propósito'**, **'proceso'**, **'personas'**, la resolución de **'problemas'** y un **'plan de transformación'**. Es necesario trabajar cada uno de estos elementos con el fin de forjar una estructura estable y robusta sobre la que se pueda erigir un sistema de trabajo.

El primero de estos cinco factores parece evidente, pero son pocas las organizaciones que comparten a todos niveles una definición clara del **'propósito'** de la organización, la razón de ser de la empresa. Todo el personal debe entender y compartir este propósito. En cualquier nivel de la organización, cada individuo debe tener la responsabilidad sobre su propio trabajo y, a la vez, la autoridad para emprender acciones que aporten valor al cliente en sintonía con el propósito general de la organización. Todos los colaboradores deben disponer de la información necesaria para saber en qué medida están contribuyendo desde su puesto de trabajo a la consecución de los objetivos generales de la organización. Con esta información, podrán tomar decisiones y, a la vez, aportar sugerencias de mejora.

El segundo factor es clave para poder establecer un nexo entre el 'trabajo realizado por cada uno de nuestros colaboradores' y la 'generación de valor para el cliente'. Es preciso que exista una definición inequívoca de los **'procesos'** necesarios para aportar valor de acuerdo con el propósito de la organización. Toda persona debe ser capaz de distinguir aquellas operaciones que no son necesarias para alcanzar dicho propósito y, en consecuencia, determinar las acciones que permitan eliminarlas a la vez que dedica sus esfuerzos a potenciar las operaciones que tienen una mayor incidencia en la satisfacción del cliente. En definitiva, el personal debe disponer de las herramientas de mejora continua y a la vez, tener la autonomía suficiente para actuar, a todos los niveles de la organización. La mejora continua es cosa de todos.

El tercero de los factores que constituyen la base del sistema es de suma importancia para la mejora de la organización. Las **'personas'** deben disponer de la formación, la información y la autonomía necesarias para mejorar continuamente los procesos con el fin de optimizarlos de acuerdo con el propósito de la organización. El equipo humano constituye el recurso clave para el desarrollo del sistema: si conseguimos que participen activamente en el proceso de implantación seguro que los buenos resultados no se harán esperar.

El trabajo que se debe realizar sobre cada uno de estos tres primeros factores permite establecer las bases necesarias para el despliegue de dinámicas de **'resolución de problemas'**. En definitiva, necesitamos que todos los elementos del sistema estén en perfecta sintonía para poder resolver con garantías los problemas de la organización. La traducción práctica de esta premisa es que las personas deben trabajar con autonomía, estándares y formación suficiente, y que los procesos deben ser robustos y estables de modo que cualquier desviación respecto al propósito de la organización sea rápidamente detectada. Sólo si esto se cumple, el equipo afectado podrá actuar con eficacia, desarrollando las actividades necesarias de mejora que permitan recuperar el funcionamiento normal.

La resolución de problemas es un elemento clave de la organización orientada al aprendizaje si afrontamos cada problema con curiosidad y con la voluntad de innovar.

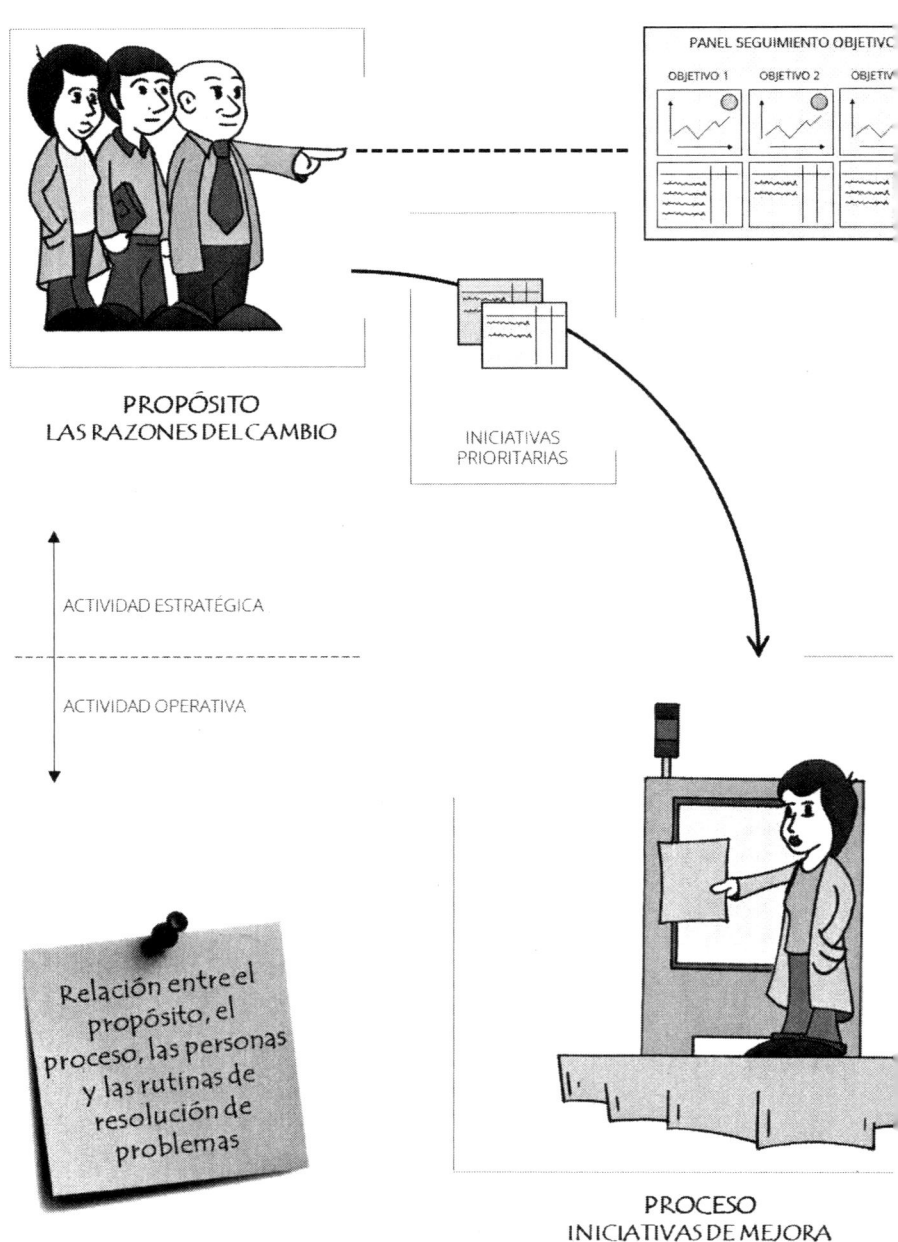

PANEL SEGUIMIENTO OBJETIVC

OBJETIVO 1   OBJETIVO 2   OBJETIV

PROPÓSITO
LAS RAZONES DEL CAMBIO

INICIATIVAS
PRIORITARIAS

ACTIVIDAD ESTRATÉGICA

ACTIVIDAD OPERATIVA

Relación entre el
propósito, el
proceso, las personas
y las rutinas de
resolución de
problemas

PROCESO
INICIATIVAS DE MEJORA

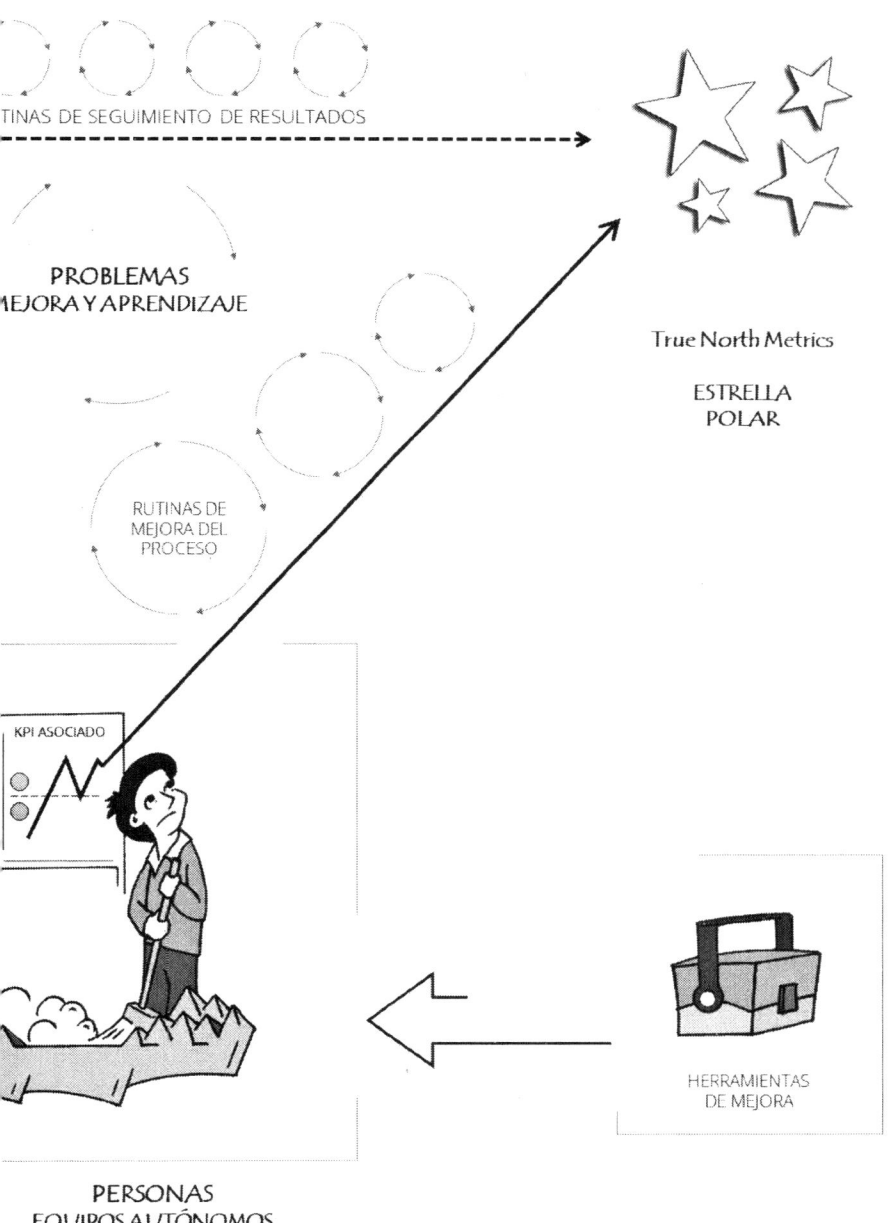

TINAS DE SEGUIMIENTO DE RESULTADOS

PROBLEMAS
MEJORA Y APRENDIZAJE

RUTINAS DE
MEJORA DEL
PROCESO

True North Metrics

ESTRELLA
POLAR

KPI ASOCIADO

HERRAMIENTAS
DE MEJORA

PERSONAS
EQUIPOS AUTÓNOMOS

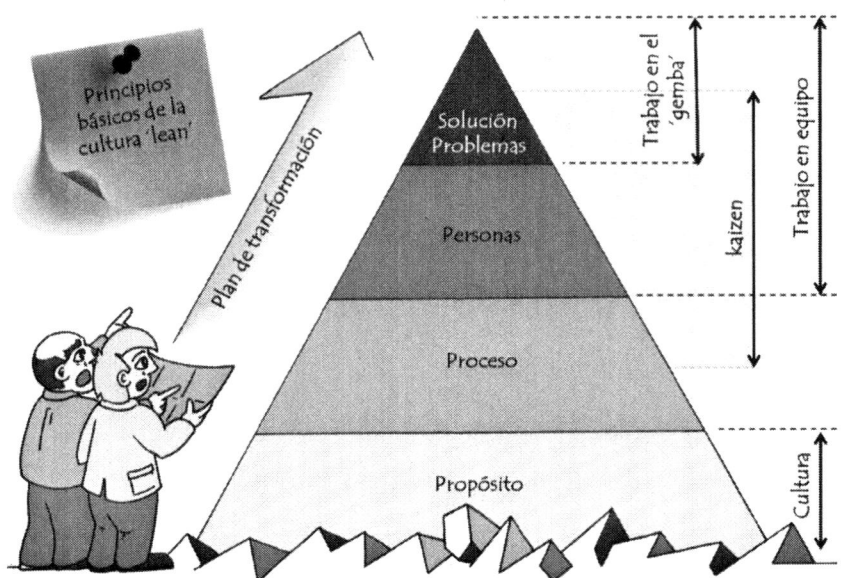

Principales pilares del sistema a desarrollar. Toda organización que desee implantar el sistema debe trabajar sobre cada uno de los conceptos que aparecen en esta pirámide.

Finalmente, existe un último concepto de la mayor importancia en estos primeros pasos de cambio del sistema. Nos referimos al **'plan de transformación'**.

3.3 El plan de transformación

"Haz las cosas tan sencillas como sea posible, pero no más de lo debido."
Albert Einstein (1879-1955)

La adopción de una nueva filosofía de trabajo es probablemente una de las decisiones más importantes que pueda tomar una organización. Supone, en efecto, cambiar tanto la manera de trabajar como la forma en que se relacionarán todos los colaboradores a partir de cierto momento. Por este motivo, es necesario que la alta dirección inicie una serie de actividades que de forma gradual vaya implicando a un número creciente de personas hasta extenderse a toda la plantilla e incluso extender esta nueva cultura de trabajo a clientes y a proveedores. Todas estas actuaciones quedaran registradas oportunamente en el **plan de transformación**, que es como llamamos a la hoja de ruta que abarca normalmente un horizonte de tres años y describe las actividades que pretende realizar la empresa: proyectos, talleres y otros retos empresariales. Todos ellos estarán plasmados en dicha hoja de ruta con su correspondiente asignación de responsables y plazos de ejecución.

En esencia, este plan es una guía que redactamos atendiendo a las prioridades del negocio y que vamos ajustando a medida que se avanza en el proceso de implantación. Se trata, por tanto, de un plan estratégico de transformación que deberá revisarse periódicamente por parte de la dirección y se actualizará o modificará anualmente, teniendo en consideración su nivel de cumplimiento, los cambios del entorno y los propios cambios internos de la compañía.

Debemos hacer notar que esta hoja de ruta no debería plantearse en ningún caso como si de un mapa del tesoro se tratara: un documento estático que indica una única ruta para llegar, al final del trayecto a conseguir un objetivo.

Para confeccionar este plan, los siguientes puntos resumen las actividades principales que se debería tener en cuenta:

Definir el propósito (capítulo 4). Este es un primer grupo de actividades para cuya implantación se constituye un equipo integrado principalmente por la dirección de la empresa y aquellas personas que pueden ser importantes para la materialización del cambio. Su objetivo principal es enumerar en detalle las razones por las que se requiere iniciar el cambio, los objetivos de la empresa y los indicadores clave de seguimiento. Se pueden agrupar estas actividades en los siguientes bloques:

▫ Elaborar un programa de inmersión dirigido a la dirección.

▫ Definir el propósito y la razón para actuar.

▫ Detallar los indicadores de seguimiento (True North Metrics).

Identificar los procesos (capítulo 5). Su objetivo se centra en explicar el funcionamiento de los principales procesos de la organización desde un punto de vista de materiales e información dejándolos fielmente reflejados en un documento de análisis. Se trata de un estudio general de los flujos que permite determinar cuáles son las actividades de mejora que deben incluirse en la hoja de ruta y que podemos resumir sucintamente según sigue:

▫ Identificar los procesos.

▫ Identificar los flujos.

▫ Identificar los problemas o ineficiencias actuales.

Organizar las personas (capítulo 6). En este capítulo se propone el llevar a cabo una reflexión sobre el funcionamiento de las estructuras organizativas de la empresa. Su objetivo final persigue la creación de un entorno en el que las personas puedan trabajar de forma más autónoma y decidir sobre las mejoras a aplicar en sus puestos de trabajo. Se trata de un cambio sustancial que lleva aparejadas toda una serie de actividades p.ej.:

▫ Organizar las personas.

▫ Crear células autónomas.

▫ Asignar un líder para cada célula autónoma.

Resolución de problemas (capítulo 7). Este último apartado engloba una serie de actividades cuya razón de ser aparece como una consecuencia lógica de haber realizado, previamente, un trabajo correcto en los apartados anteriores. No es ocioso recordar aquí, que el objetivo final al que aspiramos con la implantación de este sistema es el de conseguir que todo el personal, sea cual sea su posición, cuente con las herramientas y la capacidad para identificar desviaciones en su trabajo y, a a vez, disponga de una metodología clara para hacer frente a las eventualidades que puedan presentarse:

▫ Problemas y oportunidades.

▫ La rutina de la mejora diaria.

▫ La rutina del taller de mejora.

En la página siguiente podemos visualizar este plan de trabajo de forma gráfica, utilizando el símil de un grupo de expedicionarios que afronta el reto de escalar una montaña.

El Plan de Transformación

Hoshin	True North Metrics	Procesos y flujos
Definir el propósito		Identificar los procesos
Detallar los objetivos estratégicos de la organización y las acciones principales a desarrollar.	Definir los indicadores clave que servirán para evaluar el éxito de las acciones desarrolladas	Identificar los proceso de la organización, lo principales problemas las oportunidades de mejora
Detallar las razones del cambio	Identifcar los indicadores clave de progreso del cambio	Redactar las hojas de ruta de mejora

Definición hoja de ruta – actualización anual

Capítulo 4	Capítulo 4	Capítulo 5

Organizar personas	Rutinas de mejora	Seguimiento resultados
Organizar las personas	Resolver los problemas	Aplicar las herramientas
Organizar las células y equipos de trabajo autónomos, con objetivos y procesos asignados	Aplicar las rutinas de mejora y desarrollar el hábito de la mejora continua	Verificar los resultados y definir nuevos objetivos para la aplicación de talleres

Organizar los grupos de trabajo

Ciclos de aprendizaje continuo

Definir nuevos objetivos

Ejecución actividades – actualización continua

Capítulo 6	Capítulo 7	Capítulo 8

En este esquema se muestra de manera sintética la transformación organizativa a modo de índice para los siguientes capítulos. Cada uno de los pasos representados en la figura constituye una actividad o una fase específica del proceso de transformación que se explicará convenientemente en el capítulo que le corresponda.

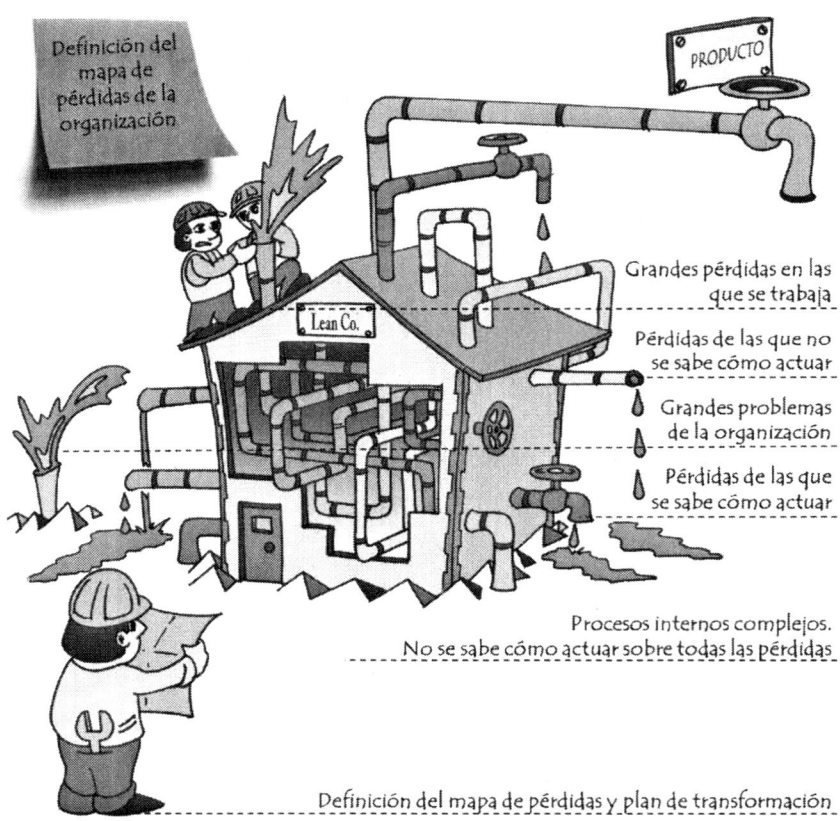

El plan de transformación pretende sacar a la luz todos aquellos problemas a resolver tanto si se conocen las causas de las perdidas por ellos ocasionadas como si todavía se desconoce su origen.

La hoja de ruta tiene una gran relevancia en un momento inicial, cuando la organización desconoce los detalles de la nueva cultura de trabajo y necesita apoyarse en un plan para saber que está avanzando en la buena dirección, siguiendo los pasos correctos. A medida que se avanza en la implantación y se instauran nuevas rutinas de trabajo, este plan pierde protagonismo.

En una fase inicial, una vez se ha elaborado un primer esbozo de esta hoja de ruta, es necesario compartirla con toda la organización, explicando al mismo tiempo las razones que llevan a la empresa a iniciar este camino hacia un nuevo modelo de trabajo. Esta comunicación es clave en un momento en el que todavía existen muchas dudas respecto al propio funcionamiento del proceso de cambio.

En algunas empresas, al iniciar estos primeros pasos hemos escuchado a la dirección explicar a sus colaboradores con notable insistencia que lo más importante de este proceso es el propio 'viaje' a través del cual la compañía se transformará, por encima y más allá de unos objetivos concretos de mejora. Normalmente justifican este argumento advirtiendo que no se trata de un proyecto que vaya a finalizar en un tiempo determinado por cuyo motivo es innecesario fijar objetivos concretos a corto plazo.

Si bien es cierto que este tipo de afirmaciones ayudan a relajar el ambiente, reduciendo la presión sobre el personal, también lo es que nadie empieza un viaje sin tener un destino en mente.

Citando a Robert. F. Mager 'si no estás seguro de a dónde vas, es probable que termines en algún otro lugar'.

Recordemos que este viaje trata de una transformación cultural con todo lo que ello implica y que, en ciertos momentos de flaqueza, cuando las cosas no salen según lo planificado, probablemente nos preguntaremos si todo el esfuerzo que estamos realizando merece la pena. En estos momentos de incertidumbre, disponer de una buena definición de este destino al que deseamos llegar puede ser el revulsivo necesario para seguir avanzando.

Por lo tanto, es imprescindible que antes de iniciar cualquier actividad de mejora, se defina este compromiso de actuación por medio del **'plan de transformación'** que englobe todas aquellas acciones planificadas y necesarias para rediseñar las nuevas bases de trabajo. Unas bases que ya enumeramos en el capítulo 3.2 y que explicamos en toda su amplitud en los siguientes capítulos: 'propósito', 'proceso', 'personas' y las dinámicas de trabajo para la 'resolución de problemas'.

Capítulo 4

El propósito

En este capítulo...

Detallaremos el proceso de definición de objetivos estratégicos

Explicaremos en qué consiste el despliegue sobre el terreno de objetivos estratégicos

Definiremos la estrella polar y los indicadores clave de la organización (True North Metrics)

4.1 Las razones para actuar

"Quien piensa en cuánto puede ofrecer con un dólar en lugar de cuánto puede obtener, está destinado al éxito"
Henry Ford (1863-1947)

Durante la década de 1950, un buen numero de industrias japonesas se iniciaron en las enseñanzas de W.E.Deming, uno de los más reconocidos gurús de la gestión empresarial, en su empeño para mejorar la calidad de sus productos y procesos. Para responder a los requerimientos organizativos que exigía la adopción de estas nuevas técnicas de gestión, los directivos empezaron por estudiar la forma como otras empresas afrontaban las tareas de definir, desplegar y transmitir sus objetivos estratégicos a toda la organización.

En aquellos años, estaba en boga la gestión por resultados que había popularizado Peter Drucker en su publicación 'The practice of management' (1954). A pesar de que el método desarrollado por Drucker ponía el acento en la importancia del diálogo y en llegar a consensos entre directivos y subordinados sobre los objetivos a fijar para cada departamento los japoneses consideraron que éste era un sistema muy jerárquico en que la asignación de prioridades quedaba subordinada en todos los casos al esquema marcado por el organigrama empresarial y que, por lo tanto, daba poco margen a la comunicación horizontal y a este diálogo del que tanto presumía.

En consecuencia, las industrias japonesas desarrollaron un esquema de trabajo propio denominado 'Hoshin kanri' o simplemente 'Hoshin' (brújula), en alusión al instrumento de navegación que nos señala el rumbo a seguir. Sobre los cimientos de esta técnica, los japoneses edificaron todo un sistema encaminado a la práctica de planificación estratégica.

4.2 Hoshin Kanri

"Quien gestione una empresa basándose sólo en cifras, con el tiempo no tendrá ni empresa ni cifras"
W. Edwards Deming (1900-1993)

Los japoneses acuñaron el término 'Hoshin' (brújula) para referirse a la metodología utilizada en el desarrollo de políticas estratégicas. Se trata de un concepto popularizado por el profesor Kaoru Ishikawa que él mismo resumía con la siguiente frase: 'Cada persona es el máximo experto en su propio trabajo, de modo que, mediante un proceso de reflexión colectiva, todos los colaboradores de la empresa son llamados a participar en la definición de acciones que ayudarán a que su organización alcance la excelencia'.

El método 'Hoshin' consiste en un análisis por pasos de toda la compañía: en su etapa inicial, se concentra en comprender el estado actual de la organización. Posteriormente, en un segundo paso, el estudio se centra en definir una visión futura. Para llegar a esta visión, es preciso plantear una serie de acciones coherentes con el propósito de la organización que vayan dirigidas a la consecución de unos objetivos.

Este primer análisis realizado a nivel de compañía se transmite posteriormente a nivel de división, de planta, hasta llegar al nivel de proceso, extendiéndose a lo largo y ancho de toda la organización. De esta manera, siguiendo un esquema fractal, se pueden trasladar de forma directa los objetivos generales a cada uno de los distintos niveles de actuación y valorar para cada uno de ellos el impacto de las acciones planificadas.

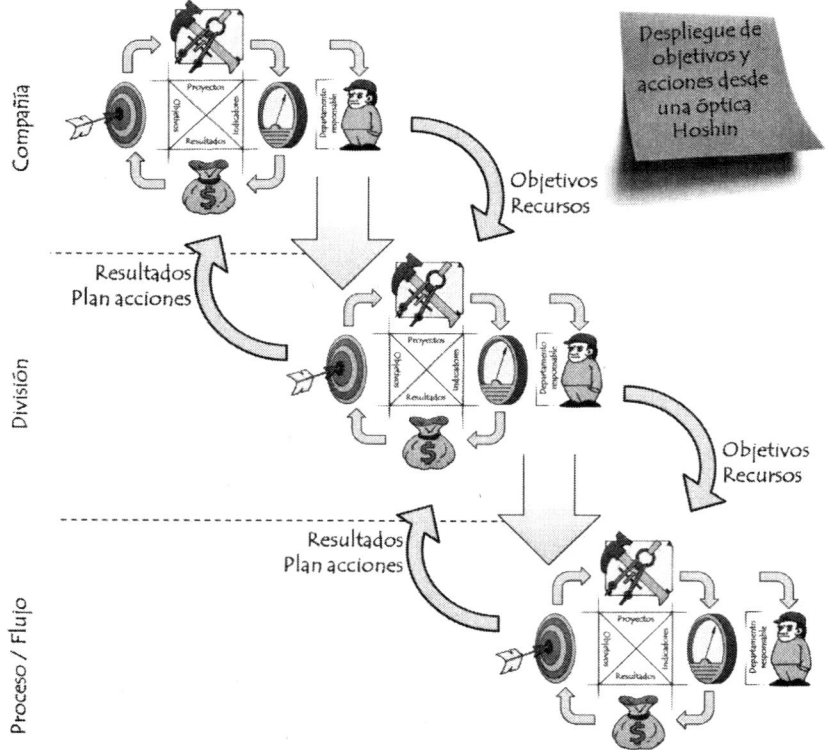

'Hoshin' es el procedimiento bidireccional de despliegue de políticas que toma los objetivos estratégicos globales como punto de partida y los transmite hasta los niveles inferiores de la organización para retornar en forma de resultados y acciones.

Una de las características esenciales del método Hoshin es precisamente el alto nivel de visibilidad que da a todo el proceso. Esto favorece el diálogo interno y, al mismo tiempo, ayuda a que la organización en su conjunto visualice el buen o mal desempeño de cada línea de negocio. Este último punto que a priori podría parecer una fuente de conflictos, podemos afirmar que visto a medio plazo, resulta muy beneficioso. El hecho de disponer de información sobre el estado de cada proceso genera una tensión positiva en toda la organización, lo cual hace crecer el espíritu de colaboración entre el personal de distintas áreas y ayuda a alcanzar estos objetivos.

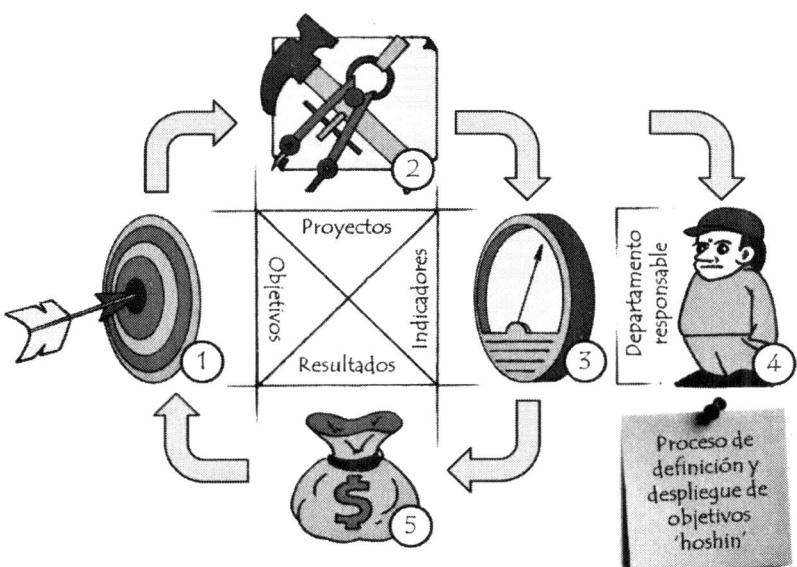

'Hoshin' es el método ideado por Toyota para el despliegue de políticas empresariales a partir de los objetivos estratégicos (1) que nos sirven para definir una serie de proyectos (2), para asignar tanto indicadores de seguimiento (3) como responsables de su ejecución (4) y, finalmente, para realizar un seguimiento de los resultados.

A nivel práctico, existen distintos formatos y formularios, todos ellos muy útiles para documentar el despliegue de políticas de empresa, aunque al final cada organización es la responsable de confeccionar en el curso de su etapa de aprendizaje todo el juego de documentos que mejor se ajustan a sus necesidades a condición de que los vaya mejorando con el tiempo hasta disponer de un sistema propio eficiente. Sólo a modo de ejemplo, existe un tipo de impreso ampliamente utilizado que consiste en una matriz en forma de 'X' que permite representar en sus cuatro cuadrantes y de forma gráfica todos los elementos de la metodología en un único documento: los objetivos estratégicos de la organización, los proyectos de cada área, los indicadores de seguimiento y el impacto económico esperado para cada uno de ellos. Como hemos comentado previamente, este mismo formato se utiliza a distintos niveles de la organización, consiguiendo así el efecto de divulgación necesario. En cada uno de estos niveles, el ejercicio empieza con la traducción de los objetivos estratégicos de la empresa a metas claras asignadas al área en cuestión. Esta traducción requiere de unos indicadores comunes para todos los procesos y áreas, de forma que el valor que toma cada uno de ellos permite medir el desempeño de cada proceso: a estos indicadores, los llamamos 'True North Metrics'.

Una vez explicado el método Hoshin y el uso de indicadores como su herramienta básica podemos entender la referencia directa que su nombre hace a la brújula, el instrumento que nos señala el rumbo a seguir para llegar a este **norte verdadero**.

4.3 True North Metrics

"No todo lo que se puede contar cuenta
ni todo lo que cuenta se puede contar."
Albert Einstein (1879-1955)

La definición clara del propósito de la empresa y la explicación de las razones que hacen necesario el cambio de su sistema de trabajo a una cultura 'lean' constituyen un primer paso -por lo demás ineludible- para iniciar este ejercicio de transparencia y clarificación de objetivos. El segundo paso consiste en definir un conjunto de medidas que ayuden a evaluar el grado de desempeño de la organización a medio plazo. Se conoce como **'True North Metrics'** al conjunto de indicadores que reflejan el propósito de la organización en cuanto a coste, calidad, plazos y personas; un selecto y reducido grupo de parámetros que proyectan una **estrella polar** hacia la que debe orientarse toda la organización.

Uno de los fundamentos de la filosofía empresarial de Toyota expresa de manera muy clara que el principal activo de una organización son las **personas**: 'construimos personas antes de construir coches'. Es evidente que el desarrollo de las personas es un aspecto clave en todo proyecto empresarial aun cuando se trata de un concepto que resulta difícil evaluar de forma completamente objetiva. En efecto, incluso en aquellas organizaciones en las que se ha creado algún sistema de medida de la estandarización del trabajo o de la productividad difícilmente responden de forma satisfactoria al reto de valorar el desarrollo personal y el grado de sinergia existente entre individuo y proceso. Por poner un ejemplo, son muy pocas las empresas que cuentan con indicadores que permitan evaluar sus procesos administrativos, una actividad que dicho sin exagerar puede ocasionar un impacto en el resultado final de la compañía igual o superior al de los procesos productivos si tenemos en cuenta que, incluso en las empresas industriales, el volumen de personal indirecto puede superar el 40% del total de la plantilla.

La **calidad** es otro de los parámetros que claramente produce un impacto muy directo en el desempeño global de la organización. Lo podemos ver desde dos ópticas diferentes, ambas relevantes. Una lectura externa de la calidad nos permite medir el nivel de satisfacción del cliente, mientras que la lectura interna, nos informa sobre el volumen de producción rechazada, uno de los principales costes a eliminar para asegurar la rentabilidad del producto.

El tercero de los indicadores clave es el **tiempo de flujo**. Normalmente se calcula este tiempo como una ratio en que se compara el valor del inventario global de la empresa con la demanda diaria. Este valor de inventario expresado en días de consumo nos indica la velocidad a la que se transforman las materias primas en producto terminado, para ser finalmente entregado a un cliente. Muchas veces se pretende asociar la naturaleza de esta ratio al coste de financiar un cierto volumen de inventario. Sin embargo, la ventaja -o desventaja-

competitiva no es atribuible únicamente a este coste financiero. El principal beneficio radica en aumentar la agilidad y la velocidad a la que se mueve todo el proceso, proporcionando al cliente el producto cuando lo necesita.

Debemos tener muy presente en todo momento, que el **resultado financiero** no es un fin en sí mismo sino una consecuencia de las actividades y mejoras realizadas en las áreas operativas. El leitmotiv acuñado por Motorola en los años 1970 es claro en este punto: 'La mejor calidad se consigue con el menor tiempo de proceso, y el menor tiempo de proceso conduce al menor coste'.

En otras palabras, una mejora en el área de las personas mediante un proceso de estandarización, por ejemplo, puede (debe) tener un impacto positivo en la calidad. Es también evidente que esta mejora en la calidad se traducirá en una reducción en el número de piezas rechazadas, resultando de ello un ahorro económico fácilmente cuantificable.

Por lo tanto, resulta evidente que todos estos indicadores están conectados entre sí como un mecanismo compuesto por palancas sobre las que podemos actuar, de modo que accionando una de ellas creamos una respuesta de forma indirecta en varios de los indicadores.

Sólo existe una excepción. El único indicador que no dispone de una palanca sobre la que podamos actuar de forma directa y que, en consecuencia, depende totalmente de los otros es el resultado financiero. La rentabilidad, no es un artículo de compra directa. En la mayoría de las organizaciones, sólo la conseguimos como efecto derivado de nuestra actuación sobre aquellos factores operativos que producen algún impacto financiero.

Capacidad de actuación sobre las mejoras. La rentabilidad es el único aspecto sobre el que no se puede actuar de forma directa y se mejora sólo como efecto de las mejoras operativas.

A pesar de la relación tan directa que existe entre los principales indicadores, no es raro que las empresas muestren una gran incapacidad a la hora de entender el efecto que algunos proyectos de mejora tienen en la cuenta de resultados. En realidad, la situación es incluso más paradójica: ciertas mejoras operativas aparentemente inciden de forma negativa en los resultados contables de la empresa. ¿Cómo se entiende? ¿Cómo puede ser que un proyecto exitoso genere pérdidas a la organización? Básicamente esto ocurre porque el proceso de transformación de la empresa también requiere de cambios en los sistemas de control, seguimiento y toma de decisiones. Y la contabilidad tradicional no dispone de las herramientas adecuadas para el seguimiento de las mejoras en un entorno 'lean' o de mejora continua.

4.4 Seguimiento económico

"Los trabajadores solo manejan el dinero;
es el cliente el que paga los salarios".
Henry Ford (1863-1947)

Podemos definir la contabilidad como un conjunto de procedimientos cuyo principal objetivo consiste en medir y evaluar el resultado económico de los procesos de generación de valor. En esencia, el departamento de contabilidad y finanzas aporta todos los datos necesarios para la toma de decisiones respecto al futuro de un proceso, un departamento o una inversión. Por lo tanto, la información obtenida mediante los procedimientos contables constituye la base sobre la que la dirección actúa, a veces con decisiones trascendentes para el conjunto de la organización.

Debido al hecho que muchos de los resultados de estos procesos contables son requeridos por la Administración con fines tributarios o también por los bancos para la obtención de crédito, la mayoría de las organizaciones adopta una metodología común para el análisis, la elaboración y el seguimiento de sus cuentas. Esta metodología se basa en los llamados principios contables generalmente aceptados (PCGA), cuyo objetivo consiste en explicar los procesos de manufactura tradicional, apoyados en conceptos de producción en masa. Es interesante recordar que los principios sobre los que se sustenta la contabilidad actual tienen su origen en un modelo de cálculo ideado por la empresa DuPont a principios del siglo XX y que se basa en evaluar el retorno de la inversión (ROI=beneficio/inversión). Su característica más relevante consiste en que la fórmula trata por igual al dinero de caja y a las existencias, ambos conceptos en el lado del conjunto de los activos del balance de la organización.

Este criterio invita a pensar que el flujo de caja no es importante, lo cual a su vez podría llevarnos a considerar que el flujo de producción tampoco lo es si no se utiliza con la finalidad de aumentar la eficiencia de mano de obra y de la maquinaria. A fin de cuentas, todo computa en el mismo lado del balance, o sea como un activo. Ello tiene una consecuencia que puede llegar a ser perversa, ya que, siguiendo las pautas de eficiencia y productividad marcadas por los modelos contables tradicionales, muchas empresas han actuado de manera irracional en su toma de decisiones asignando, por un lado, un protagonismo absoluto a los costes de mano de obra mientras que, al mismo tiempo, se trataba al producto inventariado como un mal necesario.

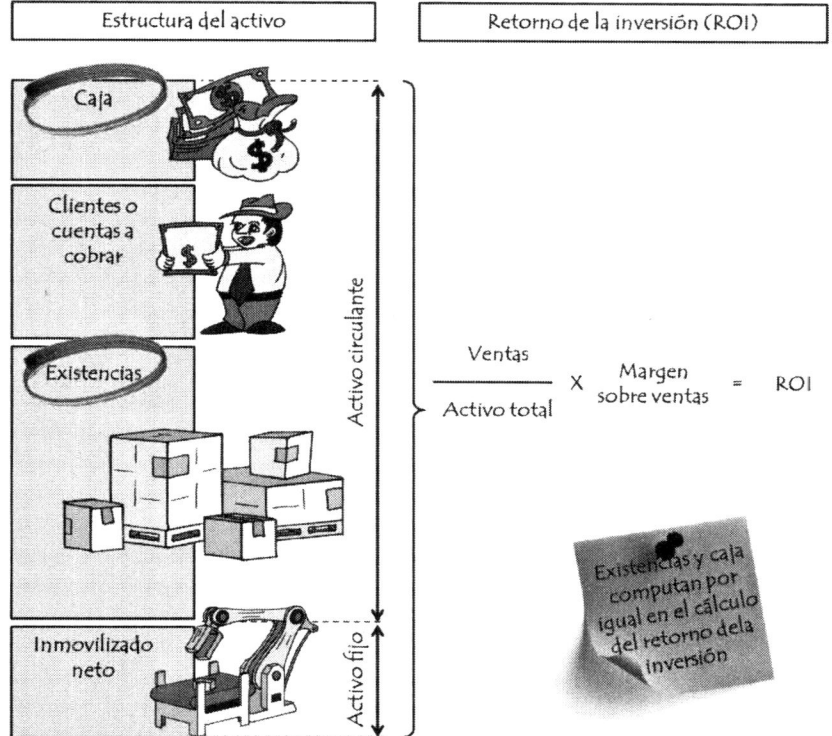

El modelo tradicional de la contabilidad otorga la misma importancia a los capitales que a las existencias. Una consecuencia de su aplicación sería por ejemplo que, desde un punto de vista estrictamente contable, la decisión de eliminar un producto obsoleto y no vendible situado en un almacén alquilado tendría un efecto negativo para los resultados.

La cultura de la mejora continua introduce unas apreciaciones a los enfoques más tradicionales que modifican el orden de las prioridades de manera sustancial:

□ **Costes de 'valor añadido' Vs. 'No valor'.** En el análisis del flujo es básico distinguir cuáles son aquellos costes derivados de actividades de generación de valor por las que el cliente está dispuesto a pagar de aquellos que deben ser reducidos o preferentemente eliminados por la vía de la mejora continua.

- **Eliminación del concepto 'coste estándar'.** La asignación de costes reales a cada proceso (en lugar de crear centros de coste por departamento o sección) ayuda a conocer su rentabilidad real. A tal efecto es preciso vincular progresivamente las personas y medios productivos a un proceso en lugar de a un departamento, reduciendo el peso de los costes que se reparten proporcionalmente. Los centros de coste o aún peor, los centros de beneficio reducen la transparencia de los procesos a mejorar.

- **Análisis de la capacidad excedente.** El estudio de la capacidad productiva excedente es clave para entender que ciertos productos son rentables por el sólo hecho de venderse a un precio ligeramente superior al coste de sus materias primas. En este contexto, tanto la capacidad como el nivel de saturación de los equipos productivos son temas sensibles que deben ser gestionados por la dirección.

La aplicación de los principios de la cultura de mejora continua en el control presupuestario pone de relieve una serie de datos que normalmente permanecen ocultos en los sistemas de cálculo y gestión más tradicionales. La distribución proporcional de costes a que obliga la contabilidad estándar y la obsesión manifiesta por reducir los costes de mano de obra pueden llevar a considerar que un producto no sea rentable aún teniendo excedente de capacidad en el proceso. En demasiadas ocasiones, este tipo de planteamientos nos arrastran a conclusiones erróneas como puede ser el simple hecho de considerar más productiva la externalización o deslocalización de ciertos procesos, cuando podrían contribuir a un aumento de ventas sin que ello produjese incrementos sustanciales de los costes internos.

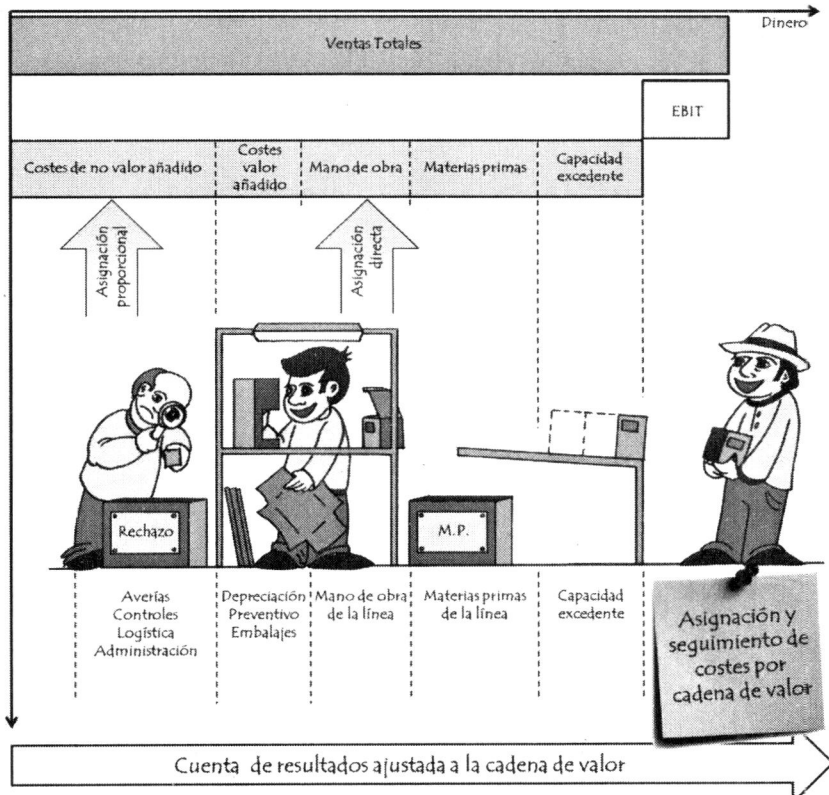

El tratamiento de costes desde una óptica 'lean' postula la asignación directa de los costes de valor añadido a un flujo determinado, de forma que se pueda identificar con claridad cuál es el flujo rentable y por qué.

La cultura 'lean' aborda el estudio de costes poniendo el foco en torno a los diferentes flujos de valor de la empresa diferenciando aquellas operaciones que aportan valor de las que no lo hacen. Partiendo de esta vía de análisis, los beneficios derivados de adoptar la cultura 'lean' en un entorno contable y financiero se sustancian en los siguientes puntos:

◻ **Liderazgo y gestión.** En los procesos de mejora continua es fundamental el uso de datos reales para la toma de decisiones. En este sentido, la cultura 'lean' considera que en su gran mayoría, los costes son fijos a corto plazo, de modo que la decisión a tomar en cada caso respecto al valor de estos costes viene determinada por el tiempo transcurrido entre la elaboración del presupuesto y su ejecución. Por el contrario, la contabilidad tradicional nos lleva a la conclusión (errónea a todos los efectos) que el objetivo final de cada departamento se reduce al cumplimiento de un presupuesto, habitualmente expresado como un porcentaje sobre las ventas realizadas.

◻ **Generación de valor.** El principal objetivo de la gestión contable estriba en identificar aquellos costes derivados de actividades que añaden valor con el fin de diferenciarlos claramente de los costes generados en actividades que no contribuyen a añadir valor alguno al proceso o para el cliente. En todo momento es preciso mantener esta diferenciación entre unos y otros costes.

◻ **Enfoque sistémico.** Hay que desterrar la práctica de segregar productos o clientes rentables para la organización de aquellos que no lo son. Toda venta, siempre que se realice a un precio superior al coste de compra de los materiales contribuye de algún modo a la rentabilidad de la organización. Es necesario poner en valor y estudiar a fondo el concepto 'capacidad excedente' para evaluar los costes asociados a cada producto de forma dinámica, considerando la situación particular de la empresa en cada momento.

□ **El flujo del valor.** Para la gestión y toma de decisiones en la empresa, el flujo de valor constituye la base idónea sobre la que se debe realizar el estudio de los costes. En efecto, el objetivo del flujo no es otro que la generación de valor a nivel global para un cliente o usuario final que recibe el resultado de todo el proceso, a diferencia de los métodos tradicionales de contabilidad cuyo objetivo se limita a la reducción de costes departamentales.

□ **Costes fijos.** Como hemos visto, a diferencia de la contabilidad tradicional, la cultura 'lean' considera que, en su gran mayoría, los costes a corto plazo siempre son fijos, mientras que, a largo plazo, la mayoría de conceptos se tornan variables. A su vez, el cálculo tradicional de costes como un porcentaje sobre las ventas parte de la base que, en todo momento, el incremento de una 'unidad de venta' requiere un aumento de capacidad productiva proporcional, lo cual habitualmente no es cierto. Cabe añadir que la asunción de que los costes son fijos a corto plazo requiere una capacidad superior de liderazgo empresarial pues precisa del cálculo real de estos costes.

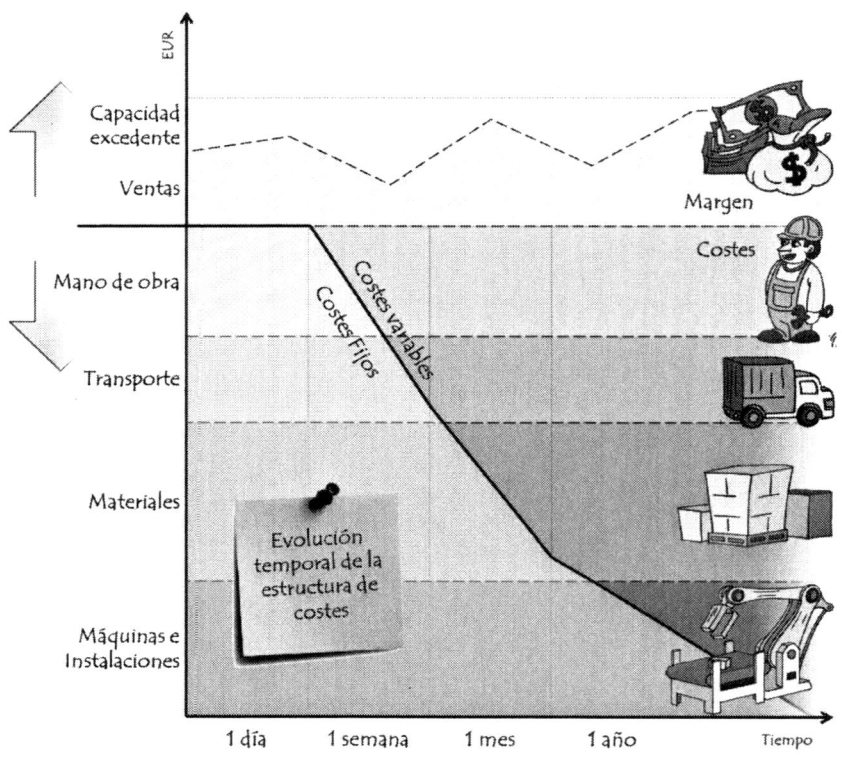

Evolución de los costes según el horizonte temporal. A corto plazo, todos los costes son fijos mientras que a largo plazo todos se convierten en variables.

Para finalizar este capítulo es interesante recordar que el sistema de producción de Toyota tuvo su origen en un entorno de crisis profunda. Una crisis que a diario se manifestaba como una falta de recursos generalizada, tanto humanos, como materiales y financieros. Si imaginamos la situación por la que atravesaba la empresa podremos entender porqué todo el sistema Toyota respira esta filosofía de 'hacer más con menos'.

Desde un punto de vista financiero, el sistema 'lean' está más enfocado a la reducción del despilfarro y a la consolidación de los procesos que al crecimiento propiamente dicho. Ello no significa que el crecimiento no sea importante. Es evidente que el crecimiento debe ser un objetivo de la dirección de la compañía. El problema es que en muchas organizaciones la dirección sólo dedica sus esfuerzos a potenciarlo mientras los cimientos se desmoronan sin que nadie preste atención a ello.

Dirección centrada en potenciar el crecimiento

Velocidad de crecimiento

Velocidad de descomposición

Pérdidas. Fuente de la descomposición del negocio

Descomposición de los cimientos de la organización

Como norma general la dirección sólo se dedica al crecimiento y no presta atención a las pérdidas. Con esta política está alimentando un problema que será evidente cuando la velocidad de crecimiento decrezca y se vea superada por la velocidad de descomposición.

La paradoja a la que nos enfrentamos siguiendo con estas políticas, es la siguiente: siempre que la velocidad de crecimiento de la compañía sea superior a la velocidad de descomposición de la base, los resultados económicos son satisfactorios y todo el mundo está contento. Pero, cuando la tendencia cambia y las ventas se contraen, las pérdidas suben rápidamente a la superficie.

El conseguir o no salvar la empresa cuando acontece esta situación depende en gran parte de cuánto tiempo estuvo la organización trabajando sobre un modelo de crecimiento cuya base de sustentación era su propia descomposición.

En todos estos casos es cuando resulta más necesario entender cómo se estructuran los resultados de la empresa desde un punto de vista de los distintos flujos de producto, reduciendo en la medida de lo posible, todos aquellos costes distribuidos de forma arbitraria o proporcional.

Sólo de este modo, cuando se dispone de información real sobre la contribución de cada producto a los resultados de la empresa, es posible identificar aquellas familias de productos que son rentables y diferenciarlas de aquellas que viven subvencionadas permanentemente.

El hecho de disponer y tratar adecuadamente toda esta información permite tomar las decisiones más adecuadas para el conjunto de la empresa en el momento adecuado.

Para evaluar el estado de la compañía y detectar desviaciones que requieran de una acción determinada es necesario instaurar un conjunto de rutinas de revisión de los resultados.

4.5 Seguimiento del rumbo

""La mayoría de las personas dedican más tiempo y energía a rodear los problemas que a resolverlos".
Henry Ford (1863-1947)

La definición de unos objetivos claros y compartidos para todo la organización es un primer paso fundamental para alinear a todo el equipo y hacerlo avanzar en una misma dirección.

La estrella polar, representada por este selecto grupo de objetivos, debe convertirse en el referente y el árbitro que ayuda a tomar decisiones respecto a qué es necesario para la organización, qué es o no es importante, etc.

Una vez se ha determinado la estrella polar, la aceptación de cualquier proyecto, en su fase de análisis, o el resultado de cualquier iniciativa, durante su ejecución, debe evaluarse considerando en qué medida este proyecto o esta iniciativa nos acerca a dicha estrella.

Lamentablemente, habitualmente se dedica mucho tiempo c la definición de objetivos o planes estratégicos y, en contrapartida, destinamos una cantidad de tiempo muy limitada a trabajar para alcanzar estos objetivos que podrían considerarse estratégicos. Las urgencias del día a día consumen todo el tiempo disponible hasta el punto de que, paradójicamente, cuando se alcanzan los objetivos estratégicos es, en mayor grado, debido a un contexto favorable que al resultado de una actividad planificada y ejecutada con diligencia.

Para asegurar el cumplimiento de los objetivos es necesario disponer de un panel de gestión que se actualice con una frecuencia establecida. En caso de desviaciones respecto a los objetivos acordados, el equipo debe implantar las acciones correctivas que convenga oportunas.

A modo de conclusión, si deseamos conseguir los objetivos planteados, es necesario realizar un seguimiento frecuente de los proyectos o iniciativas que tenemos en marcha y del impacto de cada una de ellas sobre dichos objetivos. Solo de este modo, cuando se produzcan desviaciones respecto al resultado previsto se podrán detectar a tiempo y corregir el rumbo activando las contramedidas que se considere necesarias.

Capítulo 5

El proceso

En este capítulo…

Expondremos las bases y los parámetros de trabajo de la gestión por procesos

Explicaremos la diferencia entre proceso y flujo.

Entenderemos los beneficios dimanados de mantener los procesos trabajando de acuerdo con un flujo continuo.

5.1 Gestión orientada a procesos

*"Coloca a un profesional excelente en un proceso
deficiente y el proceso gana. No hay opción."*
W. Edwards Deming (1900-1993)

Si consultamos el diccionario, veremos que el término 'proceso' se define como un conjunto de operaciones que se desarrollan de un modo organizado con el fin de obtener unos resultados. En un marco empresarial, podemos dar un significado especifico a dichos conceptos, añadiendo que estos resultados son "salidas" que se generan gracias a la transformación de unas 'entradas', mediante el uso de unos 'recursos' (humanos, materiales, tecnológicos, etc.).

Todas las organizaciones disponen de una serie de procesos debidamente estructurados para cumplir la finalidad de suministrar de manera eficiente y satisfactoria estas 'salidas' a sus clientes. Por este motivo, cada vez más se habla de sistemas de gestión orientados a los procesos. En un sentido amplio del concepto, la denominada **'gestión por procesos'** se aplica a las organizaciones que son capaces de delegar la responsabilidad de la toma de decisiones, que tradicionalmente recae en los niveles más altos del organigrama, en las personas que trabajan directamente en contacto con el proceso. El objetivo final que se persigue es el de conseguir implantar una gestión a la vez de **proximidad** y **transversal**.

En una organización 'lean' el personal se distribuye en grupos reducidos cada uno de los cuales desarrolla un trabajo específico en el ámbito de un mismo proceso, comparte objetivos y, al mismo tiempo, goza de una elevada autonomía para tomar decisiones y resolver la mayoría de los problemas que se puedan presentar. La proximidad del coordinador es un factor que contribuye positivamente a dicha resolución de problemas, evitando con ello que sus efectos repercutan negativamente en el cliente.

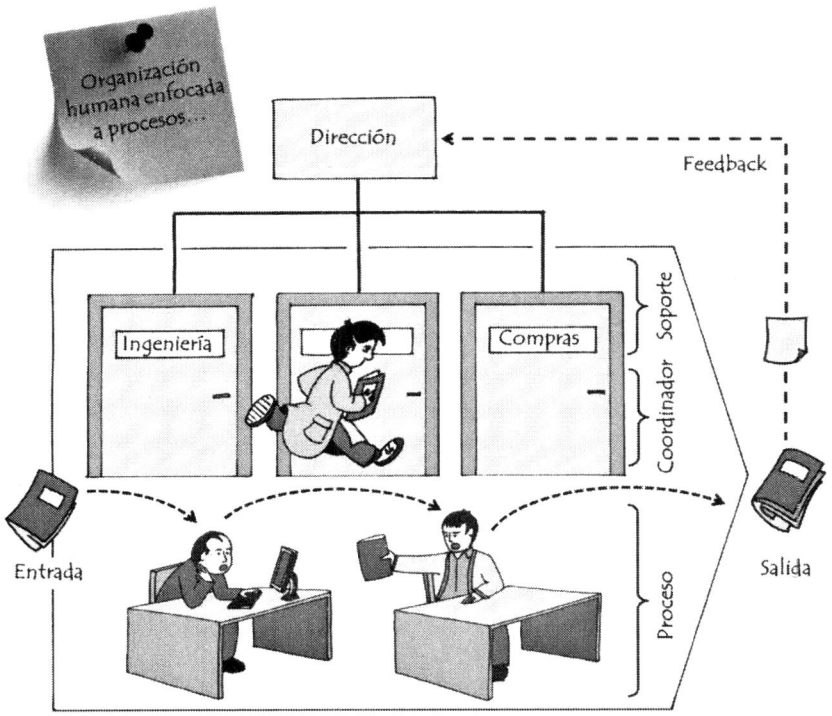

Esquema de trabajo de un proceso con todos sus elementos característicos.

5.2 El flujo

*"Debemos trabajar en nuestro proceso,
no en el resultado de nuestros procesos"
W. Edwards Deming (1900-1993)*

En toda organización, el mapa de los procesos constituye el esquema básico sobre el que dibujamos los circuitos de materiales e información mediante los cuales la empresa pretende generar valor en un entorno competitivo. Haciendo un símil geopolítico, el mapa de procesos correspondería al mapa de carreteras de un país. Del mismo modo en que las vías de comunicación son un elemento de vital importancia a nivel nacional que puede condicionar la competitividad del país, el mapa de procesos lo es también a nivel empresarial.

Tratándose como es el caso de un factor estratégico, la dirección participa activamente en el diseño de los procesos de la empresa (al igual que el gobierno es quien decide sobre los trazados de las vías de comunicación de un país). Una vez la dirección, contando con la implicación de cada uno de los afectados, ha dado forma a los procesos, la empresa dispone ya de una estructura estandarizada sobre la que se desarrollará el conjunto de sus actividades. Estas actividades son las que van a generar un movimiento tanto de materiales como de información a lo largo de estos procesos: a este movimiento le llamamos flujo.

Volviendo al mapa de carreteras de nuestro país imaginario, este flujo al que nos referimos cuando hablamos de procesos equivale al tránsito de vehículos que circula por las carreteras. Como es evidente, si el diseño de las carreteras de un país (procesos) es correcto y se ajusta a las necesidades de comunicación de los usuarios, no se producirán atascos en las vías con lo cual, conseguiremos un flujo continuo desde su origen hasta el destino.

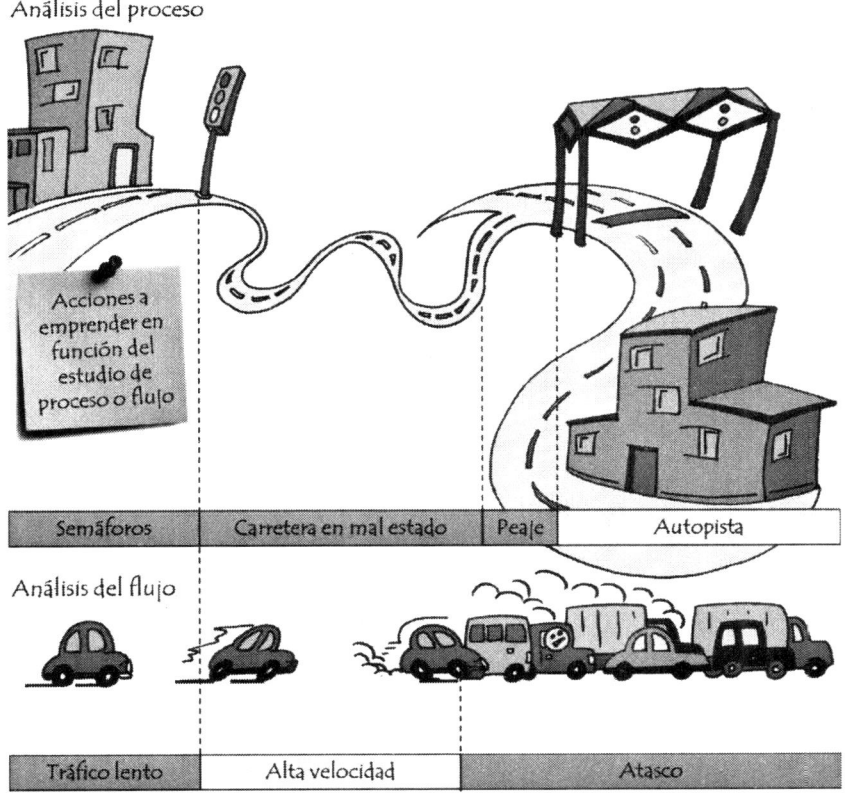

Las conclusiones que se obtienen del estudio de un proceso no son las mismas a las que se llega por medio del estudio del flujo. Desde una óptica 'lean' el secreto de la mejora está en el flujo.

Por desgracia, nunca sabremos si el mapa de carreteras se ha diseñado correctamente hasta que se abra a la circulación de vehículos. Esto nos lleva a un punto clave: el organismo auditor o verificador del correcto diseño de una vía de circulación no es el mismo que diseñó la carretera en cuestión. Si bien el diseño de una carretera es un tema estratégico que se debe decidir por las más altas instituciones del gobierno del país, quien tiene la misión de certificar si el diseño de una vía de circulación es o no correcto, es el organismo que controla el tráfico de vehículos que por ella circulan.

En el caso del mapa de procesos de la empresa, la simple observación del flujo de materiales e información que circula por estos procesos resulta ser el mejor indicador de la idoneidad de su diseño. Igual que ocurre en el caso del mapa de carreteras, de manera general la dirección decide sobre la estructura de los procesos, pero la validación de estos la hace el coordinador o propietario de cada uno de ellos por observación directa del flujo.

Pero ¿Cómo evaluamos el funcionamiento de un proceso? ¿Cómo podemos deducir del resultado obtenido en qué medida este flujo se ajusta a las necesidades del cliente? Y, probablemente la pregunta más importante: ¿Cómo podemos mejorar un proceso cuando, para su diagnóstico, nos dedicamos a evaluar el flujo?

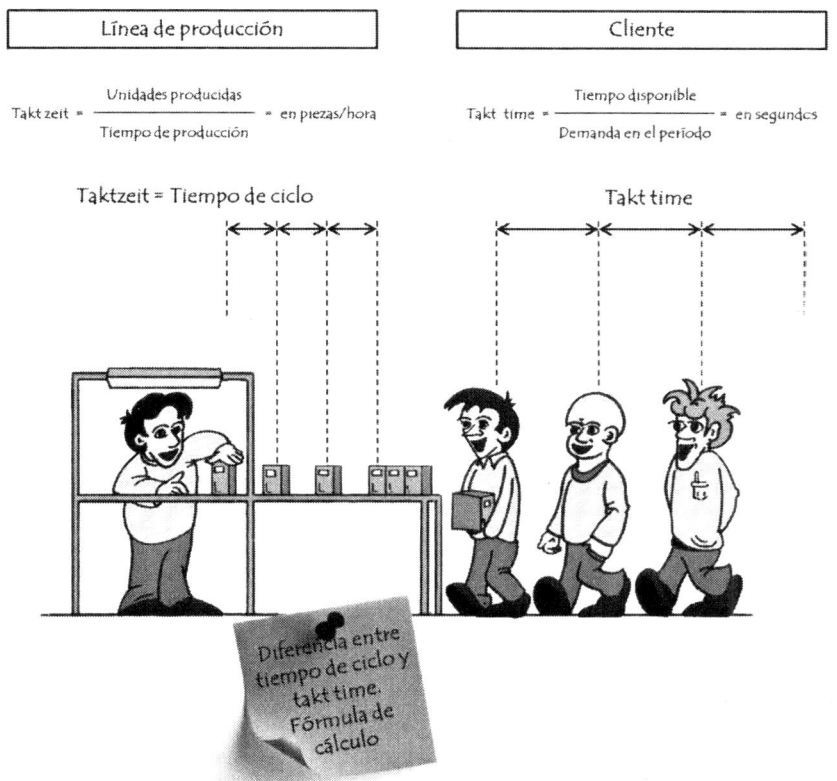

Diferencias entre 'tiempo de ciclo', un parámetro que permite valorar la cadencia de producción de un proceso, y el 'takt time', un parámetro que permite cuantificar el ritmo de consumo del cliente.

La 'cantidad de valor' que se transporta o mueve en un 'tiempo' determinado a lo largo de un proceso es el único parámetro que precisamos para caracterizar un flujo. El término tiempo de ciclo (del alemán 'taktzeit') ampliamente utilizado en el mundo industrial equivale al número de piezas por hora que puede fabricar un proceso concreto. Este tiempo de ciclo nos indica la capacidad máxima de generación de 'valor' del proceso (entendiendo en este caso 'valor' como unidades de producto transformado). Pero, para el análisis de la eficiencia del flujo, nos interesa un segundo indicador: el 'takt'.

Las palabras 'taktzeit' y 'takt' tienen una raíz común y describen conceptos estrechamente relacionados, siendo no obstante su significado diametralmente opuesto. Hemos visto que el 'taktzeit' describe la capacidad del proceso. En cambio, el 'takt' mide únicamente la necesidad de producto que tiene el cliente por unidad de tiempo. En otras palabras, nos informa de la demanda que debe satisfacer el proceso.

Cuando el proceso se ha diseñado correctamente, el 'tiempo de ciclo' y el 'takt time' serán muy similares, de modo que la capacidad productiva del proceso tenderá a coincidir con las necesidades del cliente. En esta situación el proceso trabaja a pleno rendimiento y toda la producción es consumida por el cliente.

Los efectos producidos por desviaciones que afecten este equilibrio en un sentido o en otro son fácilmente descriptibles: en un proceso cuyo tiempo de ciclo sea superior al 'takt', el cliente no recibirá el producto al ritmo al que lo precisa, mientras que, en el caso contrario, cuando el 'takt' es significativamente superior al tiempo de ciclo, tenemos un proceso sobredimensionado en el que se pueden evidenciar sin lugar a dudas, recursos ociosos o un exceso de producción en diferentes operaciones que el cliente no absorbe y que se acumula en forma de inventarios.

5.3 El flujo continuo

"Fluye donde puedas, tira del proceso donde no puedas fluir, y nunca empujes el proceso."
Kiichiro Toyoda (1894-1957)

El sistema de gestión de toda empresa, independientemente de la naturaleza de sus procesos, debería aspirar constantemente a una meta irrenunciable: el 'flujo continuo'. Esto significa que tanto los materiales como la información se transfieren a una velocidad constante entre cada uno de los puestos de trabajo desde el inicio, en la entrada de cada proceso hasta su salida. Esta velocidad constante e idéntica entre puestos de trabajo de un mismo proceso elimina la posibilidad de que se generen o bien acumulaciones de materiales o bien interrupciones en el flujo de información a procesar. Una última condición que debe satisfacer esta velocidad de transmisión es que debe coincidir con la velocidad de consumo del cliente de cada uno de los procesos. El 'takt' es el parámetro de referencia que permite identificar aquellos eslabones del proceso que trabajan a un ritmo diferente al requerido por el cliente final del mismo, cosa que se traduce en una reducción de la eficiencia y genera dos efectos perniciosos: por un lado repercute negativamente en el servicio al cliente, mientras que por otro lado genera fluctuaciones bruscas en la carga de trabajo del personal que interviene en el proceso, alternando periodos de urgencia y estrés con periodos ociosos.

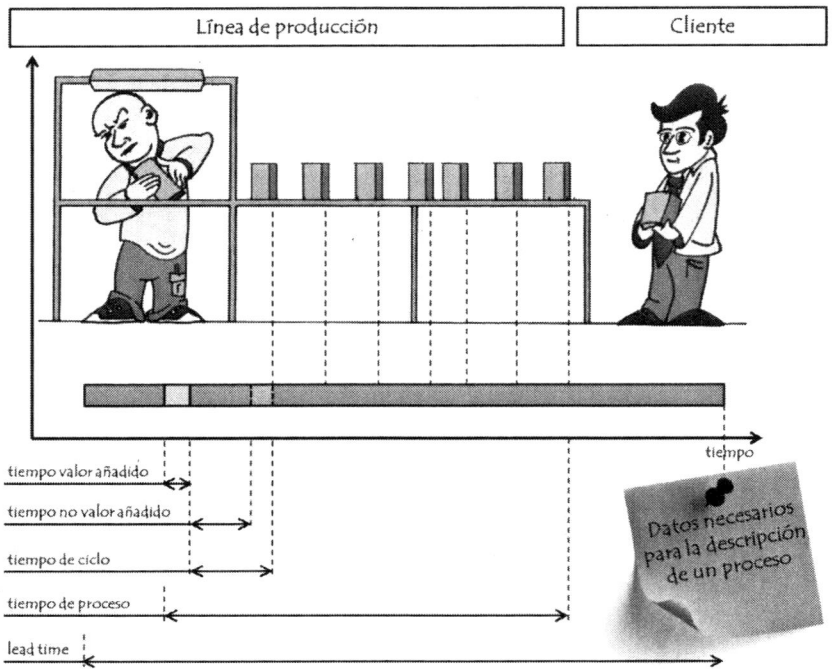

Parámetros de control y medición de tiempos de un proceso desde un punto de vista interno, sin considerar las necesidades temporales del cliente (takt time).

Hay distintas causas que pueden generar ritmos de trabajo dispares dentro de un proceso provocando la pérdida de continuidad del flujo. Esta variedad de causas, no obstante, se pueden agrupar en las siguientes dos categorías:

▫ **Mala definición del proceso.** Se ha definido el proceso sin tener en cuenta las necesidades del cliente o se ha realizado un estudio insuficiente de las operaciones que lo componen de modo que el ritmo de trabajo del propio proceso no coincide con el ritmo solicitado por el cliente ('takt'). En aquellos procesos en los que se lleva a cabo una secuencia de operaciones para generar el producto, también se consideraría un diseño incorrecto si hay variaciones sustanciales entre los tiempos necesarios para la ejecución de cada una de las operaciones y las cargas de trabajo no se han equilibrado.

▫ **Ineficiencias del proceso.** Por más que se parta de una correcta definición en cuanto a capacidades y necesidades, hay ineficiencias que impiden que el proceso avance al ritmo previsto. Este es el concepto que los japoneses denominan 'muda' y que explicaremos detalladamente en el siguiente apartado. El 'muda' se manifiesta habitualmente como interrupciones en el proceso de transformación que impicen un flujo continuo desde las materias primas hasta el producto terminado.

5.4 Mura, muri y muda

"El más peligroso de los 'muda' es el 'muda' que no somos capaces de reconocer."
Shigeo Shingo (1909-1990)

Se entiende por 'valor' el grado de utilidad o aptitud que tieren los bienes (materiales o no), para satisfacer una necesidad. En el mundo empresarial entendemos el concepto de 'valor' como aquello, de entre todo lo que hacemos, por lo cual el cliente está dispuesto a pagar.

Hasta el momento, hemos visto que todo proceso se compone de una serie de actividades u operaciones las cuales, por el simple hecho de llevarse a cabo representan un coste para la empresa derivado del consumo implícito de recursos humanos y materiales. Pero es evidente que no todas ellas contribuyen del mismo modo a la obtención de un producto final que cumpla con los requerimientos del cliente.

Del conjunto de estas actividades podemos distinguir entre un primer grupo constituido por aquellas que aportan valor porque como resultado de la operación obtenemos algo que se acerca cada vez más a lo que requiere el cliente y un segundo grupo integrado por aquellas que denominaremos como **'muda'**, o sea, actividades que, por su naturaleza, no aportan ningún tipo de valor.

Al mismo tiempo, durante la ejecución de todo el conjunto de actividades que forman parte del proceso se puede detectar un cierto grado de variabilidad inherente a cada una de ellas, tanto en lo que afecta a los resultados como al tiempo de ejecución. Esta variabilidad se denomina **'mura'** y en algunas operaciones puede llegar a ser de tal magnitud que incluso resulta difícil predecir el resultado global de todo el proceso ya sea en tiempo de ejecución, ya sea en la calidad del propio producto.

Tanto el 'mura' como el 'muda' contribuyen a la saturación y desgaste de los recursos asociados al proceso. Este sobresfuerzo excesivo que se requiere en muchas ocasiones para el desarrollo de un proceso se conoce como **'muri'**.

Proceso en el que participan dos operarios, uno de ellos aparece totalmente saturado, mientras el otro disfruta de tiempo ocioso. Ello nos permite representar los tipos de ineficiencia.

Es importante entender que los 'muda', 'mura' y 'muri' se convierten en una oportunidad de mejora desde el preciso instante en el que comprendemos su naturaleza y el modo de erradicar sus causas. Bajo esta perspectiva, es fácil ver que el trabajo de detección de desviaciones tiene una orientación claramente positiva dirigida a mejorar la eficiencia de los procesos.

La 'caza de muda', el 'mapa del tesoro', etc. Muchos autores han llamado de diferentes formas al principal objetivo de todas y cada una de las herramientas de mejora continua y que no es otro sino la eliminación de 'muda' o despilfarro. Taichi Ohno, posiblemente la figura más influyente en el diseño e implantación del sistema de producción de Toyota, identificó siete categorías de 'muda'. Desde su punto de vista, todo derroche de recursos se puede encajar en una o varias de estas categorías (Sobreproducción, Inventario, Transporte, Movimiento, Espera, Reproceso y Defectos).

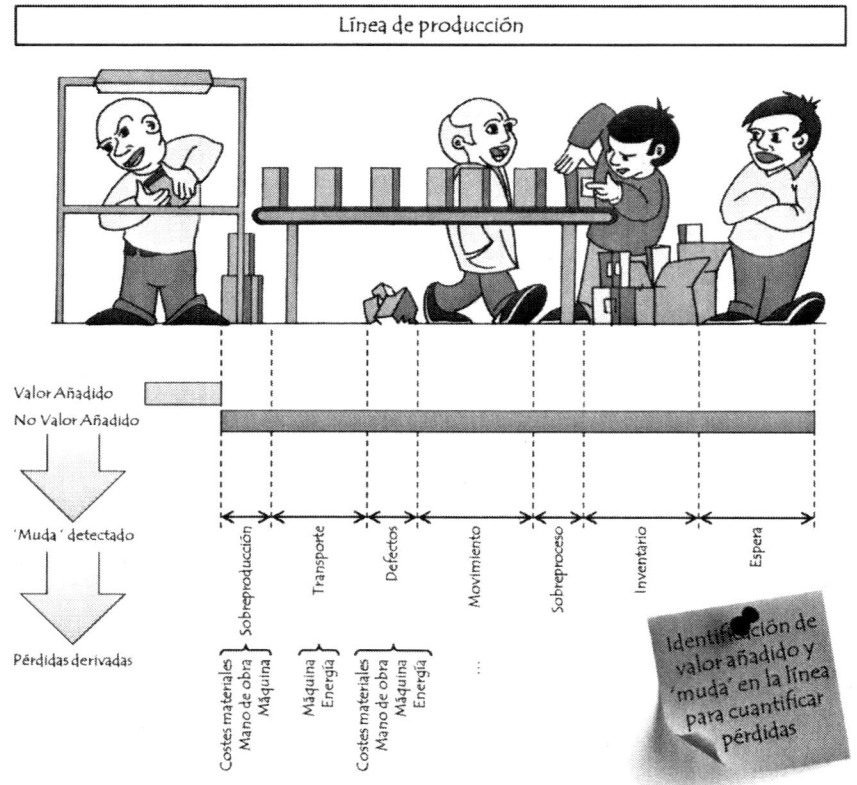

Identificación 'valor añadido' y 'muda' en un proceso. Cuantificación de las diferentes tipologías de pérdidas derivadas de la identificación de este 'muda'.

Existe un octavo 'muda' que, desde hace unos años, ha adquirido una mayor relevancia en el análisis de los procesos: nos referimos al 'muda' asociado a las habilidades del personal. De acuerdo con esta tipología de 'muda' toda desviación en las habilidades o capacitación del personal respecto a lo necesario para desempeñar una operación determinada, debería tratarse como una ineficiencia.

La correcta clasificación de un problema en una u otra categoría de 'muda' nos permite analizar en profundidad las causas raíz de su existencia. Este análisis nos ayuda también a entender y cuantificar las pérdidas y los costes imputables a cada categoría. Es importante destacar que el 'muda' es una incidencia o desviación que se produce y se debe detectar en el 'gemba' (sobre el terreno) porque sólo se puede identificar visualmente. En un segundo paso, si deseamos evaluar el impacto de este 'muda' es preciso medir todas las pérdidas asociadas a la actividad correspondiente.

5.5 Mejora centrada en el 'muda'

*"Nunca confundas el movimiento
con la acción."*
Ernest Hemingway (1899-1961)

Durante muchos años hemos concentrado nuestros esfuerzos de mejora a reducir el tiempo empleado en la ejecución de las actividades de 'valor añadido'. La mayoría de herramientas de mejora tradicionales sitúan en el centro de la diana a la persona que realiza una operación concreta, introduciendo todos los cambios necesarios para conseguir que trabaje más rápido. Y es cierto que, este enfoque nos permite cumplir con dicho objetivo. Sin embargo, no cometamos el error de pensar que sólo con trabajar más rápido, los procesos serán más ágiles y conseguiremos satisfacer a los clientes en un plazo más breve.

Es oportuno recordar en este punto que "cada organización está perfectamente diseñada para conseguir los resultados que obtiene". Con esta afirmación, David Hanna verbalizaba la necesidad de cambios en el diseño organizativo cuando, de manera recurrente. la empresa no consigue los resultados esperados. En consecuencia, debemos tener en cuenta que si sólo colocamos bajo el foco de la mejora la productividad es probable que dejemos desatendidas otras métricas del proceso que pueden ser incluso más relevantes que dicha productividad:

▫ **Productividad.** Ratio resultante de comparar la cantidad de recursos utilizados en un proceso con los resultados obtenidos. Nivel de utilización de los recursos para obtener un resultado determinado.

▫ **Eficiencia.** Ratio resultante de comparar el nivel de utilización real de los recursos y equipos de producción en tareas de valor respecto del máximo resultado conseguible bajo estas mismas circunstancias.

▫ **Eficacia.** Ratio resultante de comparar los resultados entregados (producto final) a la salida del proceso con las necesidades reales del cliente del proceso.

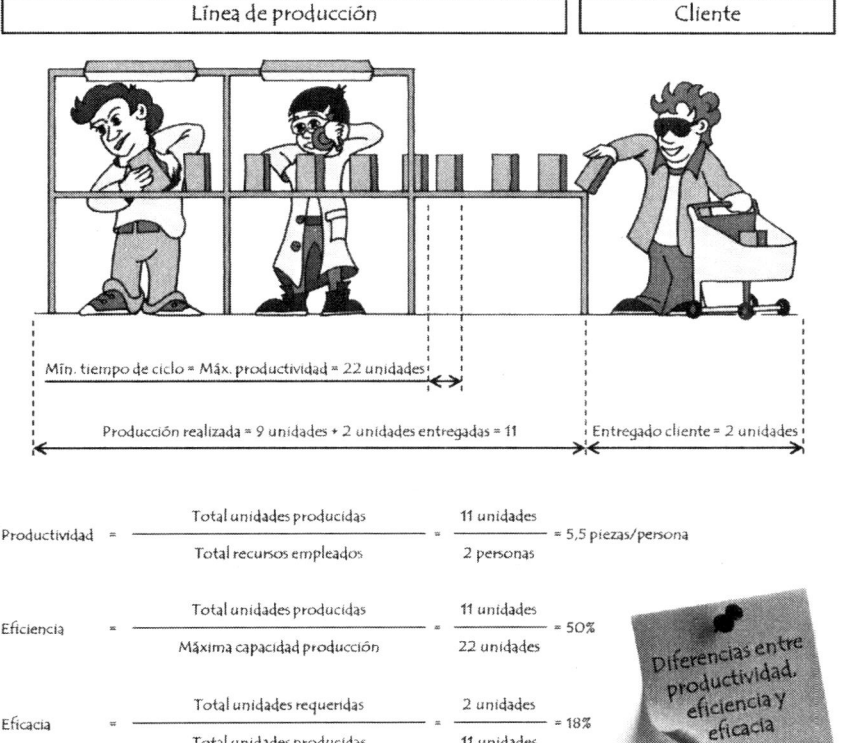

Cálculo de los principales indicadores de medición de un proceso, tanto los internos como aquellos que permiten valorar la capacidad de satisfacer las necesidades del cliente.

La necesidad de mejora normalmente parte de una falta de eficacia, o sea cuando no se consigue entregar los productos solicitados por el cliente en cantidad y/o plazo. Sin embargo, la mayoría de las actividades tradicionales de mejora se concentran en conseguir aumentos de la productividad. Cuando se toma la mano de obra como el único parámetro de estudio a optimizar puede ocurrir que las acciones implantadas sólo afecten a ciertos puestos y no se traduzcan en una mejora real y global de los procesos.

A modo de ejemplo, la figura de la página siguiente muestra un proceso productivo en el que un operario realiza una serie de operaciones de montaje. Con el objetivo de mejorar el proceso, se pone en marcha una actividad de estudio y mejora tradicional. Como consecuencia de esta optimización de operaciones de valor añadido se consigue que el operario produzca un número mayor de piezas, reduciendo el tiempo total del proceso, tal y como muestra el diagrama central de la figura, donde vemos claramente que $T1 < T0$.

No obstante, el gráfico circular muestra unos datos preocupantes: la proporción de tiempo consumido en operaciones de 'valor añadido' respecto al tiempo total ha disminuido, de modo que, a pesar de reducir el tiempo total, el proceso después de la mejora parece ser menos eficiente.

Por su propia definición, la eficiencia del proceso es el resultado de dividir el tiempo dedicado a operaciones de valor añadido respecto al tiempo total necesario, de lo que se desprende que si las acciones de optimización conllevan la reducción del numerador de la fórmula sin una reducción proporcional del denominador, ya que la parte improductiva se mantiene inalterable, el resultado no puede ser otro que una pérdida de eficiencia. El enfoque basado únicamente en la persona sólo toma en consideración el trabajo que ésta realiza. La pregunta es: ¿de qué sirve realizar los montajes a gran velocidad si la mayoría de las piezas quedan en espera al final de la línea?

Cálculo de los principales indicadores de medición de un proceso.

Utilizando el mismo ejemplo del caso anterior pero ahora aplicando un 'enfoque centrado en la eliminación del 'muda' obtenemos unos resultados finales altamente positivos. La eliminación de actividades que no aportan un valor al cliente permite aquí también reducir el tiempo de ejecución. La diferencia estriba en que, al tiempo que se consigue dicha reducción, eliminando el 'muda', también aumenta la eficiencia.

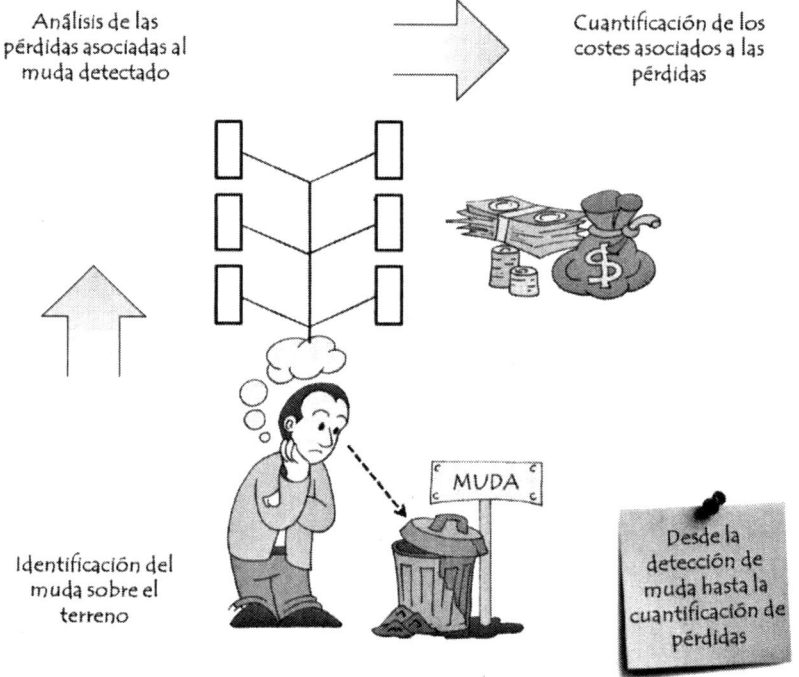

Árbol del valor añadido y de la generación de valor.

Este cambio de enfoque abre las puertas a la mejora de la gestión de procesos introduciendo unas premisas diferentes a las que tradicionalmente se habían utilizado en los métodos convencionales basados en los estudios de Taylor.

Capítulo 6

Las personas

En este capítulo...

Entenderemos las características de los organigramas tradicionales.

Explicaremos cómo se debe configurar una organización para implantar de forma adecuada el sistema 'lean'.

Entenderemos el proceso de diseño de una célula autónoma.

6.1 Las estructuras humanas

""No lo sé" se ha convertido
en "No lo sé todavía"".
Bill Gates (1955)

Se atribuye el diseño de los primeros organigramas empresariales al ingeniero escocés Daniel McCallum, pionero en el desarrollo de técnicas de gestión que aplicó tanto en el ejército como en organizaciones civiles a mediados del siglo XIX. No obstante, la consolidación de este tipo de esquema organizativo tiene su origen en las teorías de Peter Drucker aplicadas diligentemente por Alfred P. Sloan en General Motors. Los buenos resultados que cosechó el gigante del automóvil entre los años 1920 y 1960 le convirtieron en referente y modelo a imitar tanto en lo económico y financiero como en el campo de los sistemas de gestión. Por este motivo, en la gran mayoría de empresas occidentales, sea cual sea el sector productivo en el que trabajen, los organigramas son muy similares y comparten un esquema muy parecido al que desarrolló General Motor. Vamos a describir, seguidamente, sus trazos mas característicos:

▫ El mayor volumen de personal se concentra en la base (más del 50% del personal está en el primer peldaño de la jerarquía).

▫ La toma de decisiones incumbe sólo a la cúspide del organigrama y afecta a un número muy reducido de personas.

□ Las funciones que tienen capacidad de decisión mantienen un contacto limitado con los procesos de generación de valor.

□ Los materiales, productos, servicios e información aumentan de valor a cuenta de las sucesivas transformaciones que van sufriendo en su recorrido a lo largo del proceso desde el proveedor hasta el cliente, pasando de un departamento a otro y sumando operaciones.

□ Las personas se agrupan en departamentos por afinidad de las funciones o tareas a realizar.

□ Las prioridades se transmiten verticalmente, de arriba abajo pero únicamente dentro del mismo departamento.

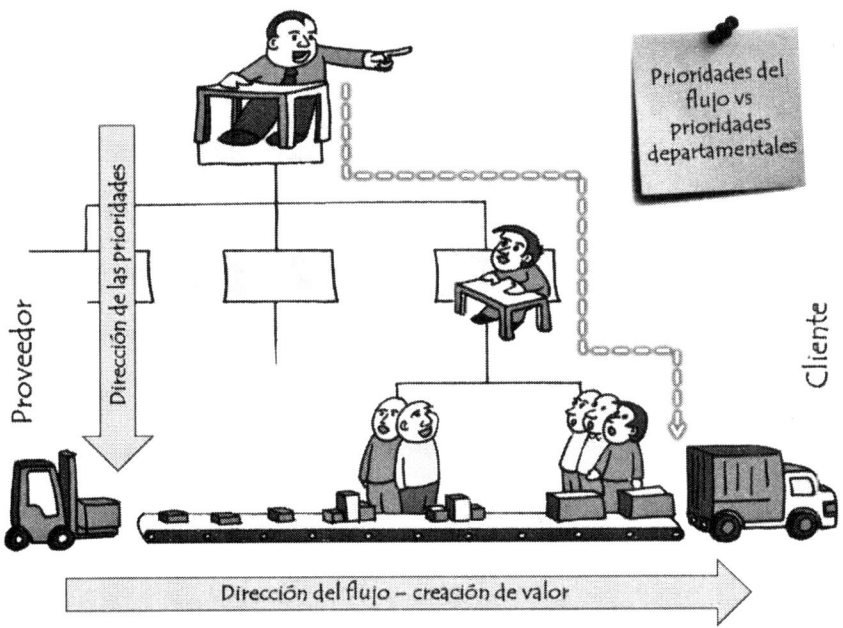

Divergencia entre las prioridades jerárquicas, –flecha vertical–, y las necesidades del flujo de valor de la compañía, –flecha horizontal–.

Todos estos puntos predeterminan la forma de estructurar tanto los circuitos de información como los sistemas de comunicación. Gracias a la experiencia acumulada durante décadas de aplicación de este modelo podemos aseverar que la estructura que subyace en el organigrama tradicional es excesivamente vertical e ineficiente si lo que se desea es mantener una comunicación fluida entre clientes y proveedores internos. Esto explica porqué es tan difícil fijar objetivos comunes en organizaciones fuertemente jerarquizadas.

Sería ingenuo pensar que el problema se limita a los sistemas de comunicación; es bien sabido que la forma en qué nos comunicamos es un reflejo de la forma en la que nos relacionamos y en cómo interactuamos con nuestros colaboradores. El problema de fondo es que esta fórmula tan frecuente en la manera de organizarse favorece una serie de actitudes y roles individuales que de ningún modo deberían existir en una organización 'lean'. De entre estos roles, uno de los más habituales es la figura del 'superhéroe' representado por el directivo o mando que se cree llamado a cargar sobre sus hombros la responsabilidad de solucionar todos los problemas de su ámbito de actividad y que detenta tanto la capacidad como la autoridad para decidir sobre cualquier cuestión. Se trata de un rol que ciertas posiciones de mando asumen de forma natural y que, con el paso del tiempo van consolidando, extendiendo progresivamente su área de influencia a niveles inferiores de la organización hasta el punto de que estos niveles se acomodan pasivamente a una situación de creciente dependencia, perdiendo irremediablemente toda capacidad de decisión. La cultura 'lean' desaprueba la figura del 'superhéroe' y aboga por el trabajo en equipo entre diferentes funciones que comparten, sobre un mismo terreno de actuación, un objetivo común.

James Womack en un artículo antológico explica que en las organizaciones hacen falta menos héroes y más agricultores. La función del líder en la cultura 'lean' es la de escuchar, entender, formar, informar y ayudar a crecer a sus colaboradores. Para conseguir este objetivo es necesario que quien lidera un equipo sea capaz de aceptar sus propios errores, en otras palabras, debe ser honesto, respetuoso y, -quizás una de las habilidades más difíciles de desarrollar-, el líder debe saber transmitir de forma clara a su equipo sus propias fortalezas y sus debilidades, incluso cuando dar esta información sea una experiencia incómoda, por no decir dolorosa. Sólo con este ejercicio de feedback honesto les podrá ayudar en su crecimiento personal y profesional.

Es evidente que este estilo de liderazgo contrasta claramente con el principio según el cual la toma de decisiones recae en exclusiva en el equipo directivo. Se trata de un modelo que aboga por la descentralización de la toma de decisiones, empoderando a cada persona en su puesto de trabajo.

Como es lógico, nadie puede esperar un cambio rápido en los estilos de liderazgo de la organización. Lógicamente, este cambio en la forma de actuar requiere de un tiempo de adaptación en el que tanto el líder como el resto de los colaboradores deben impregnarse de la nueva cultura.

Liderazgo dictatorial

¡Seguidme que os mostraré el camino!

Liderazgo motivador

¡Adelante! ¡Podéis hacerlo!

Liderazgo 'lean': liderazgo servicial

¡Entre todos lo haremos!

Principales estilos de liderazgo. La organización 'lean' necesita de un liderazgo servicial.

6.2 Las células autónomas

"Siembra un acto y cosecharás un hábito. Siembra un hábito y cosecharás un carácter. Siembra un carácter y cosecharás un destino."
Charles Reade (1814-1884)

Cuando una organización inicia un programa de mejora continua, una de las primeras acciones que lleva a cabo en el área de los recursos humanos consiste en formar un equipo o incluso un departamento que se haga responsable del plan de transformación. A pesar de todos estos esfuerzos de asignación y capacitación de recursos, los organigramas de las empresas no están pensados para el despliegue óptimo de la filosofía 'lean'. Es por ello por lo que para lograr una implantación exitosa es necesario como paso previo adaptar convenientemente tanto las relaciones de dependencia jerárquica como los sistemas de comunicación internos e incluso los protocolos de toma de decisiones con el fin de crear un entorno en el que se fomente la participación y autonomía a todos los niveles. Este cambio es sumamente importante hasta el punto de que, en gran medida, aquellas empresas que triunfan en el proceso de implantación de la cultura 'lean', deben gran parte del éxito a su capacidad de reajustar estos aspectos organizativos.

Uno de los elementos clave en este nuevo formato organizativo es la llamada célula autónoma de trabajo. Una célula es la unidad mínima funcional de la organización y está integrada por un equipo autónomo que trabaja en un proceso que es compartido por todos sus elementos. Para ello, el personal que la compone dispone de todas las herramientas necesarias para asegurar el correcto desempeño del proceso. La formación de estas células dentro de la empresa se lleva a cabo de forma gradual, y progresa siguiendo un modelo de mancha de aceite: A medida que avanza la consolidación de las células autónomas, el personal se desvincula progresivamente de la jerarquía departamental propia del organigrama tradicional y se va agrupando en células asociadas a los procesos troncales de la empresa.

Para dar una correcta definición de las células autónomas y, a la vez, para evitar caer en el error de rebautizar como células a las estructuras departamentales más tradicionales, es aconsejable seguir un proceso de diseño sistemático. En todos los casos la base sobre la que se estructura este diseño es justamente el producto a conseguir al final del proceso. Un estudio a fondo de la naturaleza y características de este producto permite examinar todas las operaciones necesarias para su obtención, partiendo de unas materias primas. Esta secuencia de operaciones es lo que conocemos como el mapa del proceso.

En una segunda etapa del diseño de la célula esta descripción del proceso nos será de gran utilidad para entender el flujo de materiales e información. Este estudio del flujo, a su vez, constituirá el punto de partida para el diseño físico de la célula, incluyendo las máquinas, los utillajes, el personal o incluso los embalajes, elementos todos ellos necesarios para desarrollar el proceso productivo.

La siguiente figura muestra este proceso de forma gráfica: se empieza por el estudio del producto final y las materias primas para, en un segundo paso configurar la secuencia de operaciones a realizar. Nótese que en el estudio de flujos todavía utilizamos el esquema lineal como paso previo al diseño definitivo de la propia célula de producción.

1 - Producto a fabricar.

Materias primas
PROCESO PRODUCTIVO
Producto terminado

2 - Proceso productivo.

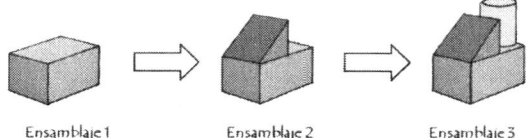

Ensamblaje 1   Ensamblaje 2   Ensamblaje 3

3 - Línea de producción.

Ensamblaje 1   Ensamblaje 2   Ensamblaje 3

4 - Célula autónoma.

Proceso de diseño de la célula de producción.

Proceso de diseño paso a paso de una célula de trabajo. La especificación del producto final y la secuencia de operaciones a seguir para conseguir este resultado determinan todo el proceso productivo.

Para ilustrar todos estos pasos, se acostumbra a representar tanto el proceso como el flujo también en forma lineal. Se trata de un formato visualmente atractivo que permite reunir una cantidad significativa de datos que nos describan de forma clara y exhaustiva el funcionamiento del proceso.

Este formato sólo cambia en el último paso, cuando se materializa la célula adoptando la forma de una línea productiva. En este momento, se acomodan todas las operaciones productivas diseñadas con anterioridad desplegándose físicamente en forma de 'U'. Esta típica estructura en forma de 'U' de las células nos es de gran ayuda para asegurar que se cumplan las siguientes condiciones de funcionamiento:

□ Mantenimiento del flujo unitario en el interior de la célula (trabajo pieza a pieza).

□ El suministro de materias primas y la retirada de producto terminado se lleva a cabo en cada uno de los dos extremos de la 'U', por lo tanto, en posiciones muy próximas. Esta proximidad reduce la necesidad de movimientos superfluos por parte de logística ya que sólo debe acceder a un mismo punto de la línea tanto para el suministro como para la retirada de materiales.

□ El personal productivo se ubica en el área interior de la 'U'. En este espacio, delimitado por la propia línea, sólo trabaja el personal implicado en el proceso según los estándares predefinidos. El número de personas puede variar en función de la demanda que se deba satisfacer y, en cada caso, existirá un estándar de trabajo que explique el método de trabajo.

▫ El personal de soporte (logística, mantenimiento...) tiene acceso a la línea desde el exterior para evitar interferencias entre sus tareas y el funcionamiento productivo normal.

▫ Las funciones de soporte son responsables de la expulsión de ineficiencias desde el interior de la línea hacia el exterior con el objeto de maximizar los ratios de productividad y la eficiencia en el área productiva.

Expulsión del 'muda' desde el centro de la zona productiva hacia el exterior. Las actividades de no valor añadido (suministro y retirada de materiales) deben ser gestionadas desde el exterior de la célula sin interferir en la producción normal.

Al utilizar en todo momento el producto final como referencia central para el diseño de la célula de trabajo, tanto máquinas como utillajes se configuran de acuerdo con las necesidades específicas del proceso. El resultado se nos revela como un conjunto de recursos materiales y humanos ubicados según la lógica del flujo de producción y ajustados a las necesidades productivas del proceso, cosa que repercute positivamente en una reducción considerable de ineficiencias ya a partir del propio diseño.

A nivel organizativo, las **células de trabajo** presentan una serie de características que las hace muy eficientes y autónomas en la gestión de los procesos. Como es obvio, la forma en que se estructuran los recursos humanos que la integran se aparta significativamente del formato más tradicional de organigrama y presenta una serie de singularidades que la distinguen:

▫ Grupo de colaboradores cuyo número oscila entre cuatro y ocho personas. Cada una de ellas tiene una función específica dentro del proceso y, habitualmente son de departamentos diferentes.

▫ Autonomía en la gestión de estándares de trabajo, con capacidad para decidir sobre la formación del personal que integra la propia célula y sus necesidades de polivalencia.

▫ Disponibilidad de personal capacitado para realizar funciones de soporte. Por ejemplo, en células productivas es frecuente encontrar funciones con múltiples competencias que pueden desarrollar actividades de mantenimiento, logística o tareas administrativas además de su trabajo habitual de producción.

▫ Asignación de un coordinador de la célula que, aún sin tener una responsabilidad jerárquica sobre el resto del equipo, aporta un amplio conocimiento del proceso que le permite realizar funciones de gestión (seguimiento de indicadores, formación, auditoría...).

▫ Distribución de la línea de producción de forma que pueda operar con un número de trabajadores variable, ajustándose a las necesidades de la demanda en cada momento.

▫ Mantenimiento de las condiciones de flujo de materiales e información en el interior de la célula y con otras células.

▫ Definición clara de los límites físicos de la célula. Definición, al mismo tiempo de los puntos de contacto de la célula con el resto de la planta (puntos de entrega y retirada de materiales) y de los puntos de acceso de las funciones soporte.

▫ Habilitación de uno o varios paneles de gestión del proceso en los que se identifiquen claramente tanto los indicadores de gestión como los objetivos a conseguir.

En este nuevo entorno es evidente que el rol del coordinador es de suma importancia para el buen funcionamiento del equipo de trabajo y, en definitiva, para la consecución de resultados. Se trata de un perfil que debe cumplir con ciertas características especiales: por un lado, debe ser capaz de plantear, explicar y perseguir los objetivos del proceso mientras que, por otro lado, debe mantener un diálogo franco con sus colaboradores sobre las mejoras a adoptar en la célula. Para ello, de forma sistemática, les pide su opinión sobre cual seria, a su juicio la mejor manera de realizar un cierto trabajo y confronta las respuestas con su propia observación de la realidad. Esta forma de actuar proviene en su origen de la propia cultura del aprendizaje que inculcaba Taichi Ohno a todos sus colaboradores. Creemos oportuno citar aquí que el propio Ohno, fundador del sistema de producción de Toyota, acostumbraba a examinar a sus pupilos de una forma un tanto peculiar: durante sus habituales visitas a fábrica, en un momento dado cogía una tiza y dibujaba un círculo en el suelo. A continuación, le pedía a alguno de los ingenieros de reciente incorporación que se situara dentro del círculo observando todo lo que pasaba a su alrededor. Al cabo de unas horas, volvía para preguntarle cuáles eran sus conclusiones. ¿Qué respuesta podía esperar de alguien que se acababa de incorporar al equipo? Por sorprendente que parezca, Ohno esperaba -y conseguía- que gracias a este ejercicio sus ingenieros fueran capaces de identificar no sólo los patrones de funcionamiento normal de la fábrica, sino que además detectaran posibles desviaciones respecto a estos patrones.

6.3 La conexión de células

"No es necesario cambiar:
la supervivencia no es una obligación"
W. Edwards Deming (1900-1993)

Los detractores de los sistemas de trabajo en célula argumentan que los sistemas de producción estructurados en áreas especializadas son más productivos que las células. Podemos aceptar como cierta esta afirmación si medimos la productividad localmente para cada sección o departamento. Advertiremos seguramente, que en la transición de islas de producción a células alguno de los departamentos puede experimentar una cierta pérdida de productividad. No obstante, un análisis más detallado, hecho desde la óptica de la globalidad del proceso demuestra que esta afirmación es completamente falsa. La suma de productividades de los puestos no es igual a la productividad total del proceso y, globalmente, el sistema de células mejora tanto las ratios de eficiencia como también los de productividad.

Al realizar el ejercicio de fusionar las operaciones de un mismo proceso inicialmente estructuradas en áreas especializadas y convertirlas en una única célula conseguimos un doble efecto. Por un lado, eliminamos los inventarios de materiales en proceso que habitualmente se acumulan en los puntos de enlace entre dos áreas, mientras que, al mismo tiempo, conseguimos que la demanda de materiales a procesar sea la misma para todas las operaciones.

Gracias a ello, las actividades organizadas por procesos adquieren una gran capacidad de respuesta ante cambios de la demanda. En una célula, cuando se producen fluctuaciones en las necesidades de producción, cada máquina modula la fabricación de producto en curso. La máxima cantidad de producto que encontraremos en curso es la unidad que se está procesando en el momento de un cambio de referencia.

Diferencias entre el trabajo en islas especializadas y células de producción. La alta productividad de las islas se torna en ineficiencia por la incapacidad de controlar los stocks.

Para las islas de producción la situación es muy diferente, porque en este caso cada área trabaja siguiendo una planificación específica orientada a optimizar su propia productividad local. En consecuencia, todo cambio en la demanda se traduce en una cantidad ingente de material que queda pendiente de procesar.

Por este motivo, es muy probable que un proceso que presenta una mayor productividad trabajando en islas deba en gran medida estos buenos resultados a los excedentes de producción que se acumulan en forma de inventario en curso en cada una de las áreas especializadas. Excedentes que, como su nombre indica, responden a una demanda ficticia.

| Célula proveedor | Célula cliente |

Necesidad
INFORMACIÓN

Entrega
MATERIALES

Producción según necesidades del supermercado. Producción para reposición de materiales según retirada de las células cliente. | Supermercado. Inventario mínimo para sincronizar las células | Retirada de materiales según necesidades del cliente.

Conexión entre células productivas mediante un inventario 'supermercado' intermedio. El supermercado tiene una doble función: transmitir las prioridades de producción y facilitar la sincronización de células que trabajan a ritmos diferentes.

Las islas son, en definitiva, una de las primeras causas de la acumulación de este inventario de producto en curso y revelan la existencia de una falta de sincronización e incluso una desconexión en el flujo entre las distintas operaciones de un mismo proceso.

En cualquier caso, es obvio que el modelo productivo de toda la empresa no se limita a la definición de la célula. La célula es la unidad mínima de producción y, aunque sea autónoma, no puede trabajar aislada del resto de la organización.

Es evidente que el diseño de una planta debe iniciarse siempre en la 'producción', la única actividad que genera valor transformando las materias primas en productos terminados. En consecuencia, y partiendo de la célula como unidad mínima de generación de valor, vamos progresando en el diseño de la planta productiva de forma centrifuga, siguiendo un esquema de capas de cebolla. De acuerdo con este planteamiento se entiende que, una vez concluido el diseño de la célula, es preciso definir las conexiones   entre cada una de estas células y el resto de la planta.

En las áreas productivas, estas conexiones se materializan con la implantación de lo que conocemos como supermercados: unos almacenes que contienen una cantidad determinada de producto, cuyo nivel de fluctuación debida al ritmo cambiante de consumo por parte del cliente actúa como detonante para que el proveedor inicie o detenga según el caso su proceso productivo con el fin de reponer el producto consumido o evitar una acumulación de inventarios. El volumen de material o información disponible en estos almacenes dependerá de las diferencias de sincronismo (tamaño de lote, ineficiencias...) entre el proceso proveedor y el proceso cliente. A mayor sincronismo entre procesos, menor cantidad de material en el supermercado. En el caso extremo (e ideal) de un sincronismo perfecto el tamaño del supermercado es '0'. En otras palabras, las dos áreas funcionan como partes de una misma célula.

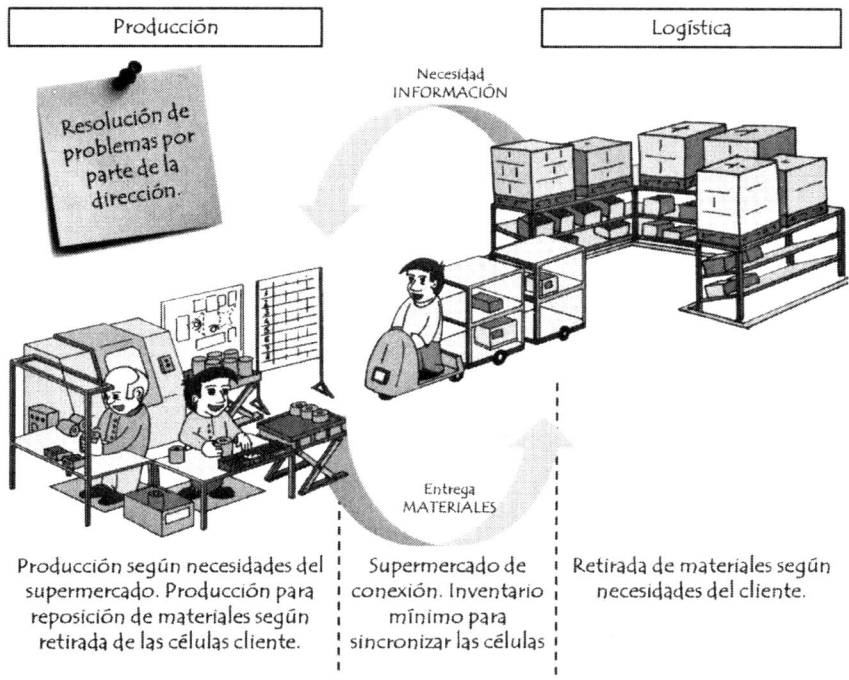

Conexión entre una célula de producción y una célula logística. La conexión de este tipo de células requiere la definición de unas rutas de transporte que aseguren el suministro y la retirada de materiales según una frecuencia determinada.

El diseño de estas conexiones es imprescindible para asegurar el buen funcionamiento de aquellas células que trabajan en base a una relación de cliente-proveedor y mayoritariamente se aplica en entornos productivos. Pero no pensemos que este modelo sólo es aplicable en tales entornos. En muchos casos, es necesario definir interconexiones entre células productivas y células pertenecientes a otras áreas que a priori tienen un sistema de trabajo diferente como puede ser el caso de las células logísticas, responsables en última instancia del movimiento (entrega y retirada) de los materiales de la planta.

La conexión entre células es una necesidad evidente en entornos industriales porque aquello que se transforma a lo largo del proceso incrementando su valor en cada uno de los pasos es un producto físico que, lógicamente, debe transitar de una célula a otra hasta convertirse en el producto final que solicita el cliente. Pero no pensemos que este es un modelo que solo tiene aplicación en entornos industriales. En procesos de negocio o incluso en servicios en los cuales aquello que se transforma es una información, este modelo es perfectamente válido y las células autónomas, integradas por equipos multidisciplinares y orientadas a un proceso o a un tipo de cliente son perfectamente funcionales en estos entornos.

Capítulo 7

La solución de problemas

En este capítulo...

Explicaremos la diferencia entre problemas y oportunidades

Entenderemos la jerarquía de los problemas y cómo atacarlos en función de su tipología

Trataremos en detalle el proceso de resolución de problemas

7.1 la resolución de problemas

*"Donde no hay estándar,
no puede existir la mejora."
Taiichi Ohno (1912-1990)*

Una de las primeras cosas que aprende el personal que trabaja en una célula autónoma es la diferencia que existe entre problemas y oportunidades de mejora. Curiosamente en los últimos años, ha hecho fortuna una corriente de pensamiento que tiende a considerar todos los problemas como oportunidades de mejora, independientemente de su naturaleza o razón de ser. Es muy probable que este enfoque pretenda reducir la presión sobre el personal que trabaja en solventar situaciones adversas o incluso busque evitar la tentación de señalar a alguien como el causante de una desviación determinada. Desde nuestra óptica y sin entrar a valorar el crédito que nos pueda merecer este criterio, opinamos que hay que llamar las cosas por su nombre y, en este caso, dejar claro que un problema no es lo mismo que una oportunidad.

Podemos definir un **problema** como toda desviación del estándar que produce un impacto negativo en los resultados del proceso tanto en cuanto a los niveles de calidad, en la productividad o en la cadencia de entregas de un producto. La resolución de esta situación anómala es fundamental para recuperar el statu quo de partida (que normalmente coincide con los objetivos del presupuesto). El equipo responsable de la gestión de la crisis debe concentrar todos sus esfuerzos en conseguir este objetivo.

En cambio, una **oportunidad** es la posibilidad más o menos viable de optimizar un proceso y, como resultado de esta mejora, definir un estándar nuevo y más ambicioso. Aunque podemos concluir que en ambos casos el equipo asignado participa activamente en el desarrollo de una mejora, seguro que todos aceptaremos que los niveles de urgencia para la puesta en marcha de las contramedidas no son ni mucho menos los mismos en cada uno de los casos expuestos.

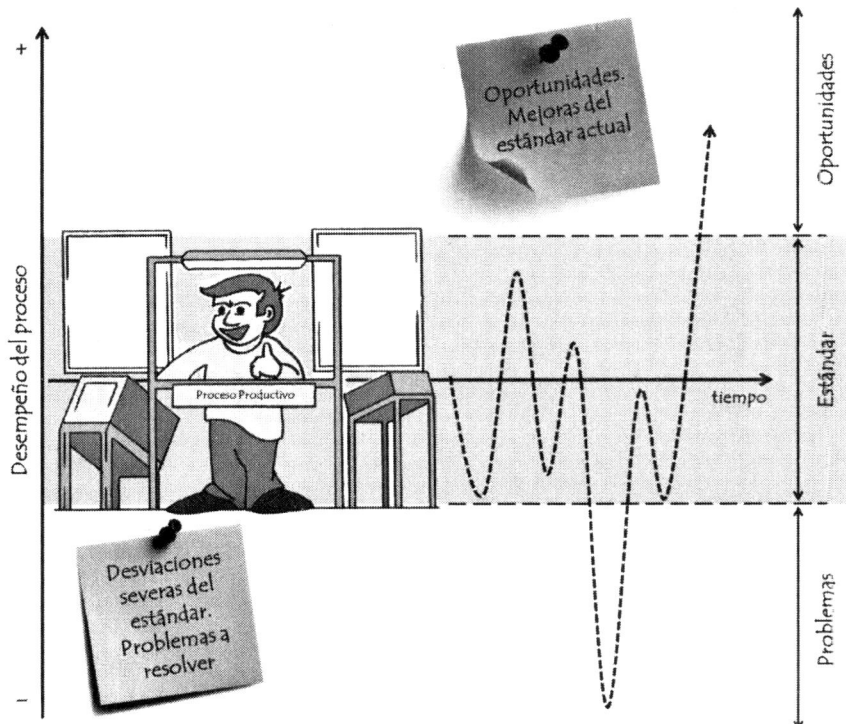

Problemas versus oportunidades representado de manera gráfica. La franja central delimita la variabilidad aceptada según el estándar actual de trabajo.

Una vez entendemos la diferencia entre problema y oportunidad, es necesario explicar el modelo según el cual los problemas surgen, aparecen y progresan en una organización. Sólo así seremos capaces de determinar las técnicas necesarias para erradicarlos cuando sea posible y, en aquellos casos en los que no sea posible, evitar su propagación.

El modelo de progreso de los problemas que proponemos se basa en el concepto de las chispas, que podemos describir de un modo gráfico de la siguiente manera: En todas las organizaciones, en todos los procesos y departamentos el personal trabaja sobre un manto de chispas. Cada una de estas chispas es una pequeña incidencia, una desviación del estándar o, en definitiva, un problema. Es por ello por lo que, literalmente, nuestros procesos destellan.

Algunas de estas chispas son claramente reconocibles y, en consecuencia, dejamos que vayan ardiendo a fuego lento, otras las apagamos de forma repetitiva aun sabiendo que, al cabo de un tiempo volverán a reavivarse. Además de estos dos grupos que ya tenemos identificados, hay una gran cantidad de chispas que pasan totalmente desapercibidas, en gran medida porque nos hemos acostumbrado a convivir con ellas y, a pesar de la gravedad de su existencia, no las percibimos como un hecho anómalo que deba preocuparnos.

Como es lógico, este escenario que describimos en modo algunos expresa una situación estática y controlada.

Todo lo contrario.

Esquema que muestra cómo evolucionan las chispas en la organización tradicional (desde su aparición) hasta convertirse en grandes fuegos, momento en el que la dirección decide tomar cartas en el asunto.

De forma natural, todas estas estas chispas van progresando hasta convertirse en pequeños fuegos primero y, con el tiempo, en grandes incendios. Si hacemos caso a las conclusiones que publicó Herbert W. Heinrich en su estudio sobre incidencias en el entorno industrial, por cada 300 chispas producidas, hay unas 30 que progresan y se convierten en pequeños incendios y solo una de ellas se convierte en un problema de gran magnitud. No está claro en qué momento una pequeña chispa pasa a ser un problema para la organización. Lo que sí sabemos es que como norma general sólo se actúa sobre el problema en cuestión cuando ya adquiere la categoría de un incendio.

Forma de actuar a partir de la aparición de los problemas en una organización 'lean'. Resolver problemas desde la base reduce la posibilidad de que se conviertan en incendios.

En situaciones de crisis, habitualmente la dirección es quien asume el rol de bombero y aporta los recursos necesarios para atajar el fuego de forma expeditiva. En las organizaciones tradicionales, el personal que está trabajando sobre el terreno tiene poco margen para reconducir el proceso, por lo que los problemas progresan hasta que la dirección se apercibe del humo de los fuegos y actúa.

En un entorno 'lean' la detección de problemas es una de las tareas principales que cada colaborador tiene a su cargo en la parcela del proceso que le corresponde y según la ubicación de su puesto de trabajo. El personal se entrena para ello. En cierto modo, gran parte del éxito de las actividades de resolución de problemas deriva de la capacidad que el personal va desarrollando para detectar las chispas que aparecen a diario y erradicarlas antes de que progresen convirtiéndose en un fuego.

Es importante saber cómo actuar cuando surge una de estas chispas, en función de la complejidad que entrañe su eliminación. Por este motivo es necesario instaurar una jerarquía para las actividades de resolución de problemas que ayude a los colaboradores a decidir qué metodología emplear y quién debe participar en su aplicación ante un problema concreto. Como hemos visto en capítulos anteriores, las células de trabajo tienen cierta autonomía para resolver desviaciones y, el personal que las integra dispone de la formación y experiencia necesarias para la aplicación de una dinámica de resolución de problemas. No obstante, es necesario determinar quién debe tratar cada tipo de problema según sea su gravedad o complejidad del mismo modo que llegado el momento, si constatamos que el problema nos supera, levantar la mano para solicitar ayuda de un estamento superior o de una función soporte. Siguiendo este modus operandi, es muy habitual dividir los problemas en las siguientes categorías, prefijando con ello el equipo que debe hacerse cargo de su resolución, según el caso:

▫ Problemas no repetitivos y de un alcance limitado. Este tipo de problemas se acostumbran a resolver mediante acciones concretas que puede aplicar de forma individual quien los detecta o el propio coordinador de la célula sin necesidad de realizar ningún estudio al respecto. Las acciones a que nos referimos se denominan 'just-do-it' porque en su esencia prevalece la acción directa sobre el análisis del problema en cuestión.

□ Un segundo tipo está formado por aquellos problemas que se repiten a lo largo del tiempo, pero cuyo alcance es limitado. Como norma general, estos problemas deben tratarse en las reuniones que diariamente convoca el personal de la célula y su resolución se gestiona mediante un plan de acción propio.

□ El tercer grupo lo forman aquellos problemas complejos y repetitivos, que afectan de forma permanente al funcionamiento de la célula y a los resultados del proceso. Este grupo de problemas se tratan con la ayuda de un 'taller de mejora', una actividad desarrollada por un equipo multidisciplinar que integra personal de la propia célula y algunas funciones de soporte. Este equipo trabajaría durante unos días de forma intensiva, en la resolución del problema en base a unos objetivos predefinidos.

□ Finalmente existe un último grupo constituido por lo que podríamos denominar problemas sistémicos, aquellos que de forma estructural afectan al funcionamiento del proceso. Para su resolución, estos problemas precisan del desarrollo de proyectos específicos que pueden conducir a una redefinición total de la estructura y del funcionamiento de un proceso.

Esta catalogación de los problemas es francamente útil para el personal de la célula, pues le proporciona criterios inequívocos para decidir ante una situación adversa cuál es la metodología más adecuada a aplicar, los recursos necesarios e incluso, en algunos casos, el personal que debe implicarse de manera directa en su resolución.

Jerarquía de resolución de problemas. Los modos de actuación a seguir contemplan desde la resolución de problemas de pequeña magnitud muy habituales y extendidos hasta la elaboración de proyectos que impliquen cambios significativos en el sistema.

La resolución de problemas no es una herramienta de mejora en sí misma, mas bien es parte de la cultura de la organización. Por este motivo, es importante que la metodología se practique con frecuencia para que se convierta en un hábito, de manera que todos los colaboradores adquieran destreza en su utilización.

7.2 Las rutinas

"La mayoría de las personas gastan más tiempo y energías en hablar de los problemas que en afrontarlos."
Henry Ford (1863-1947)

Algunos estudios recientes han intentado dilucidar el funcionamiento de los mecanismos mentales que hay detrás de la generación de conocimiento y especialmente, de la existencia del talento natural. En el año 1985, el profesor Benjamin Bloom publicó un libro titulado 'Developing talent in young people' en el que examinaba los factores que debían darse sine qua non para la existencia del talento. Para ello, realizó un estudio sobre más de un centenar de estudiantes, cada uno de los cuales mostraba un alto grado de desempeño en una o varias disciplinas. Sorprendentemente, el estudio reveló que no existía factor alguno que sirviera como indicador para pronosticar el buen o mal resultado de los alumnos.

Del estudio de Bloom emerge poderosamente la conclusión de que todos los alumnos que muestran un elevado grado de destreza, solamente comparten dos características: por un lado, todos ellos han practicado intensivamente su disciplina y, por otro lado, todos han sido guiados con maestría por instructores entusiastas y competentes durante el periodo de aprendizaje que ha seguido el alumno hasta alcanzar la excelencia. A diferencia de lo que se ha creído durante muchos años, este estudio demuestra que no hay factores innatos que condicionen el talento. En otras palabras, los expertos no 'nacen', sino que se 'hacen'.

Abundando en este punto, el profesor Daniel Coyle, enumera en su libro **'The talent code: greatness isn't born. It's grown'** el conjunto de pasos necesarios a seguir para adquirir un talento determinado por medio de la siguiente secuencia:

▫ Entender los conceptos generales de la temática a aprender.

▫ Contar con un entrenador o formador competente.

▫ Practicar con entusiasmo.

▫ Estructurar un entrenamiento efectivo en bloques o temáticas.

▫ Respetar las metodologías establecidas.

▫ Practicar a diario.

▫ Practicar sobre el terreno en casos reales.

▫ Repetir la metodología hasta dominarla con maestría.

Es importante matizar que en este modus operandi, el concepto de 'entrenamiento efectivo' se refiere a la práctica intensiva de aquellos aspectos en los que el individuo presenta todavía un bajo nivel de desempeño. En cierta manera, practicar durante horas aquellas rutinas que uno ya domina equivale a trabajar en una zona de certeza en la que el alumno no hace ningún esfuerzo para progresar. Del mismo modo, intentar acometer lecciones y aprender aquello para lo que no se está preparado también supone un despilfarro de tiempo y energía, pues el desconocimiento absoluto de una temática puede abocar al bloqueo y derivar en un estado de pánico. La zona de aprendizaje es una franja más o menos amplia que se encuentra entre la zona de certeza y una zona de desconocimiento absoluto.

El aprendizaje consiste en la práctica continua de habilidades más allá del umbral de la zona de confort, y se sustenta en la repetición y mejora de las técnicas a asimilar. Una vez que el cerebro ha integrado el bloque de rutinas practicado, éste pasa a formar parte de los conocimientos adquiridos del individuo, lo cual le permite iniciar el entrenamiento propio de una temática más avanzada, definiendo así un nuevo umbral para la zona de aprendizaje.

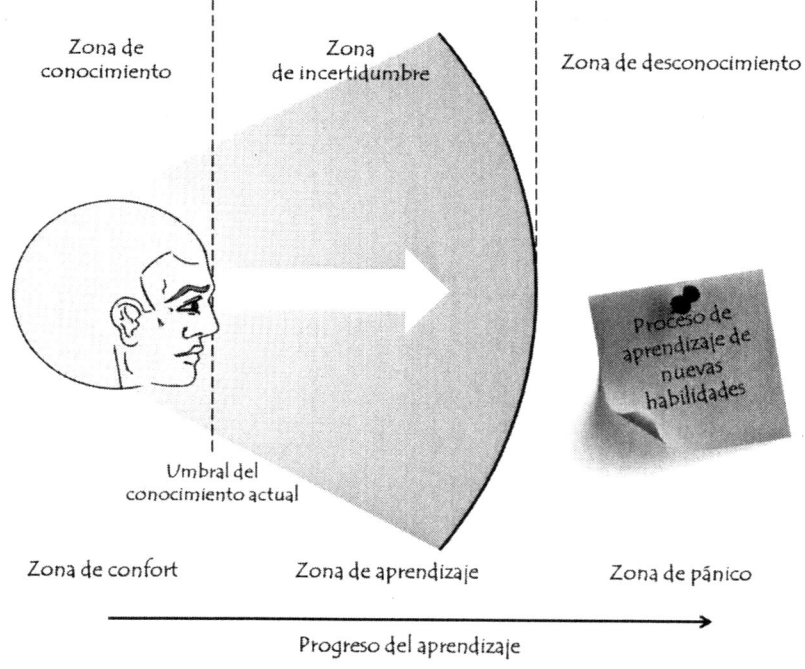

Esquema gráfico que muestra el proceso de aprendizaje.

Podemos definir una rutina o hábito como aquella conducta que practicamos de forma inconsciente y totalmente mecánica gracias a que el cerebro ha generado las conexiones necesarias para ello después de un tiempo suficientemente largo de repetición continuada. A modo de ejemplo, si alguien le ordena a usted cruzar los brazos, es probable que pueda hacerlo de manera casi instantánea, sin siquiera pensar en cómo debe realizar el conjunto de acciones elementales necesarias para conseguir el gesto completo. Esto se explica porque cruzar los brazos es una posición corporal que usted ha practicado durante años de modo que está automatizada en su cerebro. En cambio, si le proponen repetir este mismo gesto intercambiando la posición de los brazos, es decir, que el brazo que antes estaba arriba, pase a la posición inferior y viceversa, probablemente necesitará bastante tiempo para realizar esta acción. En este segundo caso la explicación es que usted ha tenido que servirse del pensamiento consciente para reflexionar y componer la nueva postura.

El cerebro evita siempre que puede, el pensamiento consciente y reflexivo porque, por un lado, requiere de mucho tiempo para obtener un resultado y, por el otro lado consume una gran cantidad de energía.

El pensamiento inconsciente por su lado es poderoso, rápido e instintivo. El único inconveniente es que necesita de mucha práctica para conseguir automatizar rutinas que luego se puedan aplicar sin necesidad de pensarlas.

7.3 La rutina de la mejora

*"Calidad significa hacer lo correcto
cuando nadie está mirando."*
Henry Ford (1863-1947)

En toda organización podemos observar la existencia de dinámicas y procedimientos que, con el paso del tiempo, se han convertido en rutinas de actuación. Nos referimos especialmente a aquellos procedimientos que han enraizado profundamente hasta entrar a formar parte del subconsciente colectivo. Sin lugar a duda la rutina más representativa de una organización es la forma cómo se enfrenta su personal a la resolución de problemas puesto que se trata, en efecto, de situaciones anómalas y desviaciones respecto a la normalidad para las que no existe un estándar de actuación.

Ante un problema de cualquier naturaleza, las organizaciones suelen actuar de manera reactiva, buscando modos de eliminar las desviaciones que produce su aparición. En la mayoría de los casos, este proceso de resolución se inicia a partir de la detección de una incidencia concreta y requiere que un grupo de personas debidamente capacitadas se reúna para estudiar y proponer soluciones factibles, deliberando sobre las distintas alternativas hasta llegar a un consenso. Esta manera de afrontar las situaciones adversas puede parecer muy democrática, pero no es ni proactiva, ni sistemática ni científica. A menudo esta dinámica se muestra ineficiente y los resultados finales son desalentadores. La explicación de todo ello tiene que ver con la rutina por largo tiempo instaurada que induce al equipo de trabajo a concentrarse exclusivamente en la búsqueda de una solución específica para un problema concreto, olvidando muchas veces que la condición ineludible para conseguir una mejora es la de entender el problema desde su propia raíz. Una de las grandes dificultades a superar en la implantación de un sistema de mejora consiste en aplicar en toda su extensión una pauta de resolución de problemas que se ajuste metodológicamente a los siguientes pasos:

▫ **Conocer los objetivos.** Entender quienes son los clientes del proceso, sus necesidades y cómo el proceso responde a ellas ante estas necesidades tanto en el momento actual como en el futuro previsible.

▫ **Analizar y entender la situación actual.** Determinar y cuantificar el punto de partida del proceso, los problemas actuales y su nivel de desempeño. Es necesario analizar el funcionamiento de dicho proceso desde una óptica global. Establecer los límites de la 'zona de certeza'.

▫ **Identificar una situación futura a alcanzar.** Perfilar el estado futuro al que se desea llegar en un plazo determinado. En este nivel de análisis es importante definir el 'qué', sin entrar al detalle en el 'cómo' llegaremos o 'cuáles' son las soluciones a implantar. La situación futura anticipa un estado que se encuentra más allá del umbral de nuestro conocimiento actual, de manera que la pretensión de ofrecer una descripción que explique cómo llegaremos a este futuro no es realista.

- **Identificar los obstáculos que impiden llegar a esta situación futura.** Paso a paso hay que ir desbrozando los obstáculos que separan la zona de certeza del objetivo establecido. A medida que van apareciendo las dificultades, se hace necesario implantar acciones para eliminarlos. Cada una de las acciones se planifica, se ejecuta y a continuación, se comprueba el que los resultados obtenidos se ajusten a las expectativas. Se trata de un proceso iterativo que se repite cuantas veces sea preciso hasta llegar a este futuro que se ha visualizado en el punto 3 de la rutina.

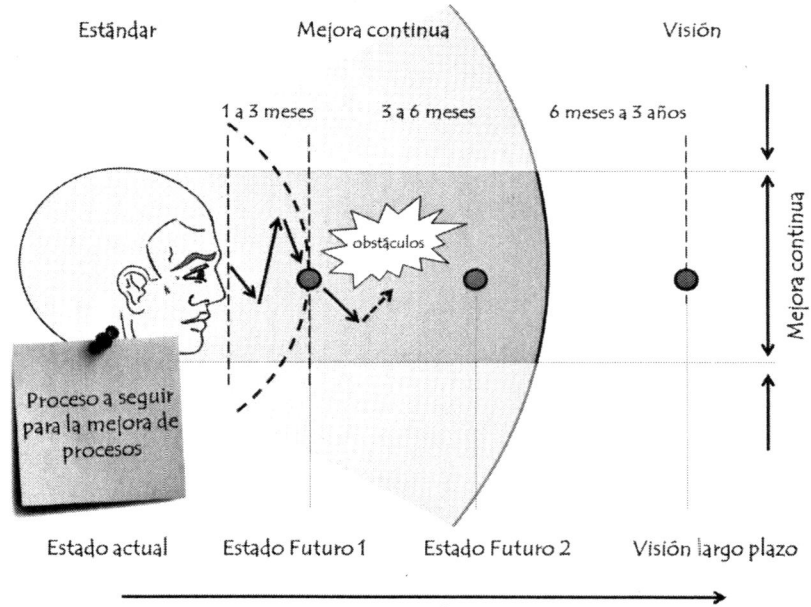

Procedimiento de resolución de problemas basado en el proceso de aprendizaje que sigue de forma natural la mente humana.

Estos cuatro pasos elementales de la rutina de mejora constituyen un estándar cuya práctica debe extenderse a todos los niveles de la organización a fin de conseguir el 'entrenamiento efectivo' que nos lleve a progresar. De este modo y perseverando en los procesos de aprendizaje que hemos comentado anteriormente, con el tiempo estas rutinas se convertirán en prácticas habituales que se irán sedimentando en el inconsciente de cada uno de los colaboradores y, por extensión, en los protocolos institucionalizados de la empresa.

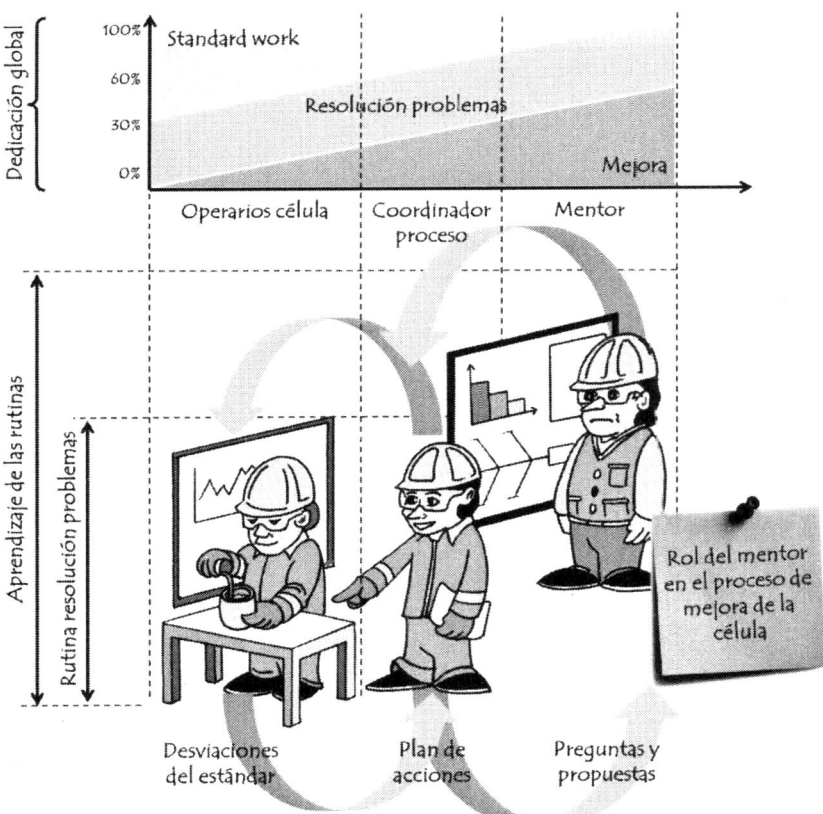

Relación entre el estándar y los procedimientos de resolución de problemas.

El éxito de este programa de entrenamiento depende en gran parte de la disponibilidad de mentores o formadores competentes que den soporte a la organización y que garanticen la correcta aplicación de estos procedimientos. A tal efecto es necesario poner en práctica una serie de rutinas de mejora que debemos aplicar a diario, para atacar las pequeñas chispas o problemas de cada puesto de trabajo y, una segunda rutina de nivel superior a aplicar por medio de talleres concretos con el fin de mejorar problemas de cierta magnitud, siguiendo el esquema jerárquico de resolución de problemas expuesta previamente en este mismo capítulo.

7.4 La rutina de la mejora diaria

"Dime y lo olvido, enséñame y lo recuerdo, involúcrame y lo aprendo."
Benjamin Franklin (1706-1790)

Cuando hablamos de método socrático nos referimos a un ejercicio dialéctico dirigido a la indagación o busca de nuevas ideas y conceptos. Iniciado por Sócrates en la antigua Grecia y ampliamente desarrollado por Platón, consiste básicamente, en establecer un diálogo entre dos interlocutores con el ánimo de buscar respuesta a cierta cuestión propuesta entre ambos. Para ello, uno de los participantes actúa como iniciador de la discusión planteando una serie de preguntas, mientras que el otro asume el papel de contrapunto asintiendo, disintiendo o teorizando sobre conjeturas que ayuden al primero a desarrollar sus argumentos.

A medida que avanza el diálogo las preguntas apuntan cada vez más a la raíz del asunto sobre el que se desea obtener una respuesta, llegando al punto clave en el que los interlocutores contraponen directamente las evidencias observadas en la vida real con las teorías o razonamientos expuestos hasta aquel momento. La conclusión a la que se llega mediante esta confrontación de ideas permite confirmar o refutar las hipótesis planteadas.

Aunque Sócrates generalmente aplicó este método de análisis a conceptos éticos y morales cuya definición por su mismo naturaleza es poco concreta, muchos problemas de hoy en día que pueden beneficiarse del uso de este método no son necesariamente del mismo orden. En realidad, uno de los principales atractivos del método socrático que lo convierten en extremadamente valioso reside en que no pretende dar respuesta a preguntas irresolubles, sino que, muy al contrario, plantea un proceso de exploración sobre los distintos aspectos de un tema de estudio con el objeto de enseñar a los discípulos a desarrollar un razonamiento crítico. En el ámbito de las organizaciones modernas el método socrático se materializa en el llamado 'gemba walk', un ejercicio que se practica diariamente sobre el terreno por parte del equipo directivo con el objetivo de evaluar el grado de desempeño a tiempo real de los procesos y proponer en su caso las acciones correctivas necesarias.

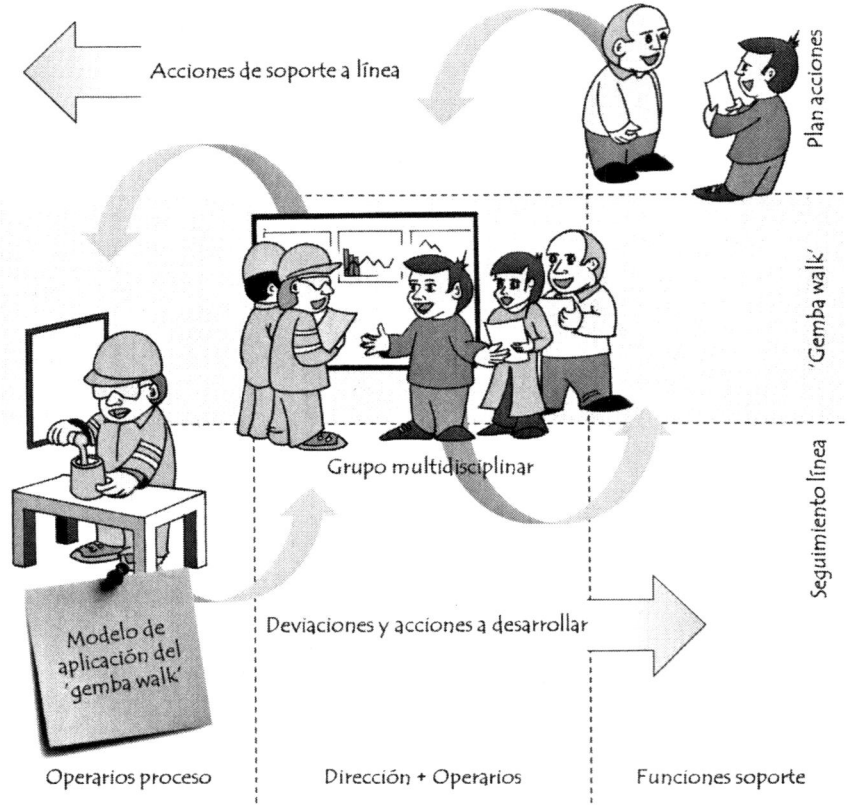

Modelo de aplicación del 'gemba walk' y relación entre el personal que trabaja en el proceso y la dirección general.

Visto en detalle, el 'gemba walk' consiste en organizar una serie de rutas representativas cada una de ellas de uno de los procesos productivos de la empresa, y cuyo recorrido no exceda de unos treinta minutos de duración. A partir de este mapa general de rutas, el equipo, integrado por directivos, coordinadores y mentores sigue una ruta diferente cada día con el fin de evaluar el nivel de eficiencia de cada uno de los procesos. En respuesta a las desviaciones observadas respecto al estándar o respecto a los objetivos de producción, calidad y/o servicio, se abrirá un diálogo con el personal de la línea preguntando sobre las causas más directas de las mismas. En un segundo paso, el grupo integrado por la dirección y el personal de línea llevará a cabo un análisis de las causas potenciales que expliquen las ineficiencias observadas. El resultado de esta visita culmina con la definición de acciones a desarrollar en el corto plazo, algunas dirigidas a validar las conclusiones extraídas del citado estudio, otras dirigidas a la reducción paulatina de las desviaciones.

El 'gemba walk', léase como un paseo sobre el terreno, es probablemente una de las actividades menos practicadas en las organizaciones que se inician en la implantación del sistema de mejora continua. En la mayoría de los casos, ello es debido a que la dirección no se ve capaz de mantener el compromiso de interactuar a diario con el proceso a una misma hora. En muchos casos, la causa raíz del problema se encuentra en la ausencia de estándares que describan y organicen el trabajo de nuestros líderes: a veces pensamos que la estandarización solo se aplica a pie de máquina cuando, probablemente, el mayor beneficio ce su implantación lo encontraremos fuera de la fábrica.

Precisamente por este motivo, el 'gemba walk' es la rutina que muestra de manera más clara, el grado de implicación en el sistema por parte de todos los estamentos y, sin lugar a duda, no hay otra actividad que permita conectar de una forma más cercana a la dirección con el día a día del proceso.

7.5 La rutina de las sugerencias

"Los directivos deben vivir la fábrica con intensidad hasta el punto que deberían lavarse las manos un mínimo de tres veces al día."
Taiichi Ohno (1912-1990)

El sistema de sugerencias es uno de los elementos que provoca más interés y curiosidad en aquellas organizaciones que desean implantar una cultura de la mejora. Muchas de ellas adoptan un sistema de sugerencias incluso cuando no trabajan bajo el paraguas de la mejora continua. Piensan sus directivos que el hecho de formalizar las sugerencias ayudará por sí solo a canalizar las inquietudes del personal vehiculando de forma ágil y eficiente aquellas propuestas que puedan tener un impacto positivo en los resultados de la compañía. El problema es que para conseguir estos resultados la mayoría de las organizaciones simplemente se limitan a diseñar un formato de propuesta y a colocar recipientes para depositar las fantásticas ideas de los empleados.

Con demasiada frecuencia el resultado lamentable de estas implantaciones se puede encontrar en los rincones de muchas fábricas y oficinas en la forma de un buzón abandonado, normalmente vacío, situado en lugar recóndito como último vestigio de lo que en su momento pretendió ser un sistema de gestión descentralizado y participativo.

La mayoría de los modelos de sugerencias fracasan ya antes de que nadie haya escrito una primera idea. La causa de este fracaso hay que buscarla en el propio diseño, erróneo a todos los efectos, ya que no respeta algunas de las características básicas de un buen sistema de sugerencias y que podemos resumir en los siguientes puntos:

▫ **Sistema descentralizado.** Siempre que sea posible el bucle que forman las actividades de emisión, revisión, aprobación y ejecución debe involucrar exclusivamente al personal del proceso con total autonomía en su decisión.

▫ **Sistema ágil.** El emisor recibe una respuesta rápida a las sugerencias emitidas, bien sea aceptando o rechazando la propuesta planteada. Cuando decimos rápida significa que en la mayoría de los casos el proceso de decisión no se dilata más allá de una semana.

▫ **Propuestas de mejora centradas en el proceso.** Para la gran mayoría de propuestas emitidas tanto el personal del proceso, como los supervisores del área, tienen el criterio necesario para su validación y los recursos para su ejecución. Sólo un porcentaje muy reducido de las propuestas requieren de una validación externa a la realizada por el personal del proceso.

▫ **Propuestas de fácil implantación.** En muchos casos la ejecución de este tipo de propuestas se asigna al personal que trabaja en el proceso e incluso al propio emisor de la propuesta.

▫ **Sistema transparente.** Tanto la recepción de las propuestas emitidas como el proceso de revisión y eventual aceptación de las mismas se llevan a cabo físicamente en zonas contiguas al proceso. En todo momento el personal emisor está informado del tratamiento que reciben todas las sugerencias y en qué estado se encuentra cada una en particular.

▫ **Cantidad por encima de calidad.** En primera instancia el sistema potencia la cantidad de las sugerencias por encima de la calidad. Sin embargo, en la medida que el sistema sea capaz de generar un gran número de propuestas de forma continuada gradualmente irá mejorando la calidad de estas.

▫ **Cultura de la mejora.** El sistema está íntimamente relacionado con el desarrollo de la cultura de mejora colaborando en la tarea de definir acciones a todos los niveles.

▫ **Impreso coherente con los pasos a seguir.** El formato de sugerencias se divide en campos para que el emisor pueda describir la situación actual, la situación propuesta y el impacto de la mejora, todo ello en sintonía con los principios de la mejora que hemos explicado en apartados anteriores.

Todas estas características describen un sistema descentralizado que permite a toda persona, independientemente de su posición en la escala jerárquica proponer e incluso implantar una sugerencia de mejora.

A modo de resumen, los sistemas de sugerencias son altamente positivos tanto por el impacto que pueden llegar a tener las mejoras resultantes dentro del proceso como, desde una óptica más global, por su efecto en el despliegue de la cultura de la mejora.

Obviamente, al tratarse de un aspecto cultural, su implantación en una primera etapa requiere de grandes dosis de comunicación y seguimiento hasta que superada la misma se convierte en una rutina de trabajo.

Estructura general de los sistemas de sugerencias. Flujos de revisión, aprobación y ejecución de las propuestas de mejora

Un ejemplo paradigmático de aplicación correcta del sistema de sugerencias lo encontramos en la fábrica de Toyota en Kentucky. Se trata de una planta en la que trabajan alrededor de 7000 personas. Este equipo humano inmerso desde hace años en un entorno de mejora continua genera 90.000 propuestas de mejora al año.

Sólo la cantidad de sugerencias por persona ya es de por sí sorprendente, pero tiene más mérito todavía el hecho de que la mayoría de estas propuestas tienen un impacto directo sobre el propio emisor, que en un 95% de los casos resulta ser la misma persona que ejecuta la propuesta, una vez validada.

7.6 La rutina del taller de mejora

"Si quieres trabajadores creativos, dales tiempo suficiente para jugar."
John Cleese (1939)

La experiencia nos enseña que los grandes proyectos son difíciles de abarcar y medir, consumen una gran cantidad de recursos y sus resultados finales son a menudo decepcionantes o, cuando menos, inciertos. Algunos estudios realizados en Estados Unidos demuestran que más de la mitad de los proyectos desarrollados en empresas presentan desviaciones respecto a los objetivos inicialmente previstos de un orden superior al 30-40%, en aspectos tan esenciales como el tiempo de implantación o el coste total del proyecto. No es aventurado pues, afirmar que, en general los grandes proyectos empresariales no satisfacen las expectativas inicialmente generadas.

La cultura de la 'mejora continua' rehúye, en la medida de lo posible, este tipo de macroproyectos aun sabiendo que, en ciertos casos no existe una alternativa que evite el planteamiento de un proyecto de gran calado.

Estado actual | Estado futuro | Análisis de la diferencia | Experimentos y acciones | Estandarización y Formación | Estado confirmado

Día 1 | Día 2 | Día 3 | Día 4 | Día 5

Agenda de actuación durante la semana de mejora. Cada día se programan una serie de actividades para cuya ejecución se dispone de tiempo hasta el cierre de la sesión. Independientemente de los resultados e' último día el proceso debe estar en condiciones de funcionamiento con todas las mejoras implementadas.

En un entorno de mejora continua, siempre que sea posible, en lugar de grandes proyectos se prefiere la implantación de mejoras mediante pequeñas actividades: nos referimos a los llamados 'talleres de mejora' que combinan un tiempo razonable de preparación con una dedicación intensiva por parte del equipo que los desarrolla. Con este tipo de actividades se consigue reducir el nivel de incertidumbre del proyecto (en cuanto a tiempo de ejecución) y a la vez el riesgo inherente de poner en juego grandes cantidades de recursos financieros, habida cuenta que la mayoría de las mejoras llevan aparejadas inversiones de bajo coste.

El desarrollo del taller de mejora, conocido también como 'workshop' o 'rapid improvement event' en inglés, lo lleva a cabo un equipo multidisciplinar al que se le asigna un objetivo de mejora específico dentro de un marco de aplicación prefijado. Cabe destacar que una parte importante de la mejora continua consiste en instaurar el hábito de trabajar en este tipo de talleres de pequeño formato, la suma de cuyos resultados, contribuye en gran medida al progreso de toda la organización. En cada taller, y en función de los objetivos fijados se utilizan las herramientas 'lean' necesarias. Independientemente de las metodologías específicas a utilizar, todos los talleres presentan un formato estándar marcado por una agenda de cinco días estructurada en los siguientes pasos:

▫ **Propósito del taller.** Un mes antes del inicio del taller el facilitador de la actividad y el responsable del proceso empiezan a trabajar sobre los objetivos, indicadores, alcance de la actividad y la selección del equipo de trabajo (p.ej: defectos calidad).

▫ **Estado actual.** La descripción del problema y los detalles del estado actual constituyen la primera actividad que desempeña el grupo reclutado para el taller (p.ej: índice actual defectos calidad = 10%).

- **Estado futuro.** Partiendo del estado actual y utilizando como base de trabajo los indicadores y objetivos definidos por el coordinador del proceso, el equipo debe esbozar un estado futuro del proceso (p.ej: índice defectos calidad = 2%).

- **Análisis de diferencias.** Utilizando como base el estado actual y contraponiéndolo con el estado futuro el equipo debe hacer una valoración de las diferencias entre ambos estados. Este estudio comparativo nos proporciona toda la información indispensable para elaborar la proposición de acciones y medidas correctivas necesarias (p.ej: defectos calidad (10 – 2) = 8%).

- **Propuesta de mejoras.** Del estudio anterior se desprende el programa de mejoras a desarrollar durante la semana de actividad (p.ej: reducir variabilidad del proceso estandarizando los parámetros de producción).

- **Experimentos de rápida implantación.** El plan de experimentos comprende un conjunto de pruebas cuyos resultados pretenden confirmar si las propuestas de mejora planteadas por el equipo van en la dirección del estado futuro predefinido y satisfacen los objetivos del proceso (p.ej: valorar la variabilidad del producto tomando tres lotes fabricados sin cambio de parámetros).

- **Estandarización.** De conformidad con los resultados de todo el trabajo descrito en los apartados anteriores el equipo debe generar la documentación pertinente y poner en marcha la formación necesaria para que todo el personal pueda desempeñar su trabajo en el marco requerido por las modificaciones efectuadas en el proceso (p.ej: redactar las fichas de parámetros estándar).

▫ **Resultados.** Es necesario verificar los resultados obtenidos al finalizar la semana de actividad y posteriormente mes a mes a lo largo de tres meses que es el tiempo previsto para completar la implementación de acciones. Se conoce como 'estado confirmado' al resultado de los indicadores al cierre de la actividad, tres meses después de la finalización del taller (p.ej: defectos calidad objetivo = 2%; real = 3%; necesidad de un nuevo taller de mejora).

▫ **Lecciones aprendidas.** Finalmente, el equipo debe abrir un proceso de reflexión sobre la actividad realizada en este taller para explorar la posibilidad de extender la implantación de las acciones a otras áreas similares (expansión horizontal) o para proponer mejoras adicionales, aplicables al desarrollo de la actividad objeto del taller de mejora.

Es preciso insistir en que gran parte del éxito de los 'talleres' reside en rebajar el nivel de incertidumbre asociada a toda organización de cualquier actividad. Es por ello por lo que este formato de taller adopta un carácter de trabajo estándar en todo lo relativo a tiempos, roles, tareas y responsabilidades. El resultado de este en gran medida depende de la fidelidad con que se sigue cada una de las pautas que, a modo de agenda gráfica, resumimos en la figura de la página anterior. Mencionamos, a continuación, una serie de conceptos que consideramos de la mayor importancia para el desarrollo de estos talleres de mejora:

- **Trabajo en equipo.** Se trata de crear equipos multidisciplinares integrados por un número reducido de personas que reúna una gran variedad de experiencia, edades, antigüedad en el puesto, perfiles, culturas, etc.

- **Intensidad.** Durante los días en que se vaya a desarrollar la actividad es indispensable una dedicación a jornada completa por parte de los integrantes del equipo. Las mejoras surgen cuando las personas están plenamente concentradas en un objetivo.

- **Transferencia de conocimientos.** Los participantes reciben la formación necesaria sobre la herramienta y la metodología de trabajo. Cada uno de los integrantes del grupo puede ejercer en ciertos momentos el rol de profesor actuando como la fuente que transmite conocimientos y experiencia al resto del grupo, mientras que en otros momentos se invierten los papeles y es él quien actúa de alumno.

- **Materializar las mejoras.** Se refiere al conjunto de actividades prácticas, dirigidas al estudio de problemas cuya resolución exige emprender acciones de aplicación rápida sobre el terreno. Es de especial importancia dedicar más tiempo a las pruebas sobre el terreno que al diseño sobre el papel.

- **Resultados rápidos.** Se debe incentivar la búsqueda de aquellos resultados rápidos que cumplen con el requisito de 'inversión de bajo coste' generando un retorno a corto plazo de gran impacto sobre el proceso. Siempre que sea posible, todas las propuestas que se planteen en la sala de trabajo deberán validarse sobre el terreno.

Para poder llevar a cabo de forma sistemática la planificación y el seguimiento de todas las acciones derivadas de un taller de mejora, existe un documento de referencia: el plan de acciones; que permite planificar los cuatro estados por los que debe pasar toda acción para su correcta implantación de acuerdo con el esquema (planificar, hacer, verificar y ajustar):

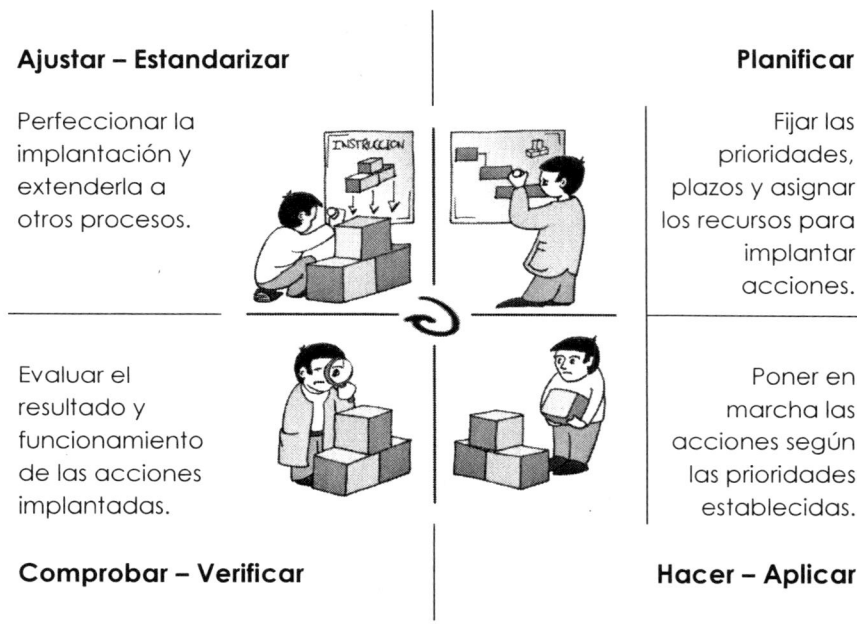

Ajustar – Estandarizar

Perfeccionar la implantación y extenderla a otros procesos.

Planificar

Fijar las prioridades, plazos y asignar los recursos para implantar acciones.

Evaluar el resultado y funcionamiento de las acciones implantadas.

Poner en marcha las acciones según las prioridades establecidas.

Comprobar – Verificar

Hacer – Aplicar

El plan de acción es un documento inspirado en los cuatro pasos que describió W.E.Deming para la mejora continua de la calidad. De forma sucinta, nos dice que toda acción debe ser planificada como paso previo a su ejecución, y una vez ejecutada debe comprobarse su efectividad. Finalmente, en caso de detectar desviaciones entre lo planificado y el resultado conseguido, el último paso consiste en efectuar los ajustes necesarios.

Desarrollo del plan de acciones como eje director de la implantación de la mejora continua. En este esquema de trabajo, el estándar es la base de trabajo sobre la que se apoyan las mejoras.

En toda actividad, ya sea una mejora de implantación inmediata que haya surgido en el curso de un 'gemba walk', o bien se trate de un conjunto de acciones derivado del estudio del panel de indicadores de la célula, incluso si se trata de un taller de mejora o de un proyecto de gran envergadura, el **plan de acción** es el documento común de seguimiento a utilizar en todos los casos. Lógicamente, ante situaciones diferentes, la herramienta o técnica a aplicar para llegar al detalle de cada una de las acciones a emprender varía según el caso, pero en última instancia, todas ellas se gestionan siguiendo el plan de acción.

7.7 Una actividad para cada caso

"Nada va a limitar tu creatividad de manera tan efectiva como el miedo a fallar."
John Cleese (1939)

Todo el mundo ha oído alguna vez que los esquimales utilizan decenas de palabras para describir los distintos tipos de nieve. Aunque esta afirmación no es exacta, puesto que es el finés el idioma que dispone de cerca de cuarenta palabras para describir la nieve, resulta lógico que una lengua que se habla en un clima nórdico, donde la mayoría del territorio se encuentra bajo una capa de nieve durante una buena parte del año, desarrollará un vocabulario rico para describir la nieve.

Las lenguas evolucionan como reflejo de las actividades y la cultura de cada lugar, con la finalidad de describir con detalle aquello que tiene un valor característico para sus habitantes, aunque quizás, en otras culturas los mismos aspectos no precisan de una mayor diferenciación.

Este es el caso de la innovación de los procesos. La historia de transformación y mejora continua que se ha vivido en Toyota a lo largo de más de 60 años ha ayudado a desarrollar un vocabulario que describe de manera muy específica cada tipo de mejora. En efecto, podemos encontrar diferentes palabras en japonés que se utilizan para describir los distintos tipos de mejora de forma muy precisa. Tomando como marco de implantación las rutinas de mejora que hemos descrito en los apartados anteriores de este capítulo, en función de la problemática a tratar en cada situación particular, la actividad a desarrollar adquiere una denominación específica:

- **Kaizen Teian (cambio + mejor + sugerencia).** Se refiere a todas aquellas sugerencias de mejora que puede generar cada persona dentro de la organización. Es uno de los sistemas más ágiles y dinámicos para la aplicación de pequeñas acciones de mejora.

- **Kaizen (cambio + mejor).** Se traduce como mejora continua o mejora evolutiva y se utiliza para describir aquellas actividades que permiten de forma constante mejorar un proceso o un negocio. Los talleres de mejora son parte del kaizen de una empresa.

- **Kaikaku (cambio + revolución).** Se traduce como mejora radical y se utiliza para describir aquellas transformaciones de un proceso o negocio buscando una redefinición del sistema de trabajo. Se trata de un salto importante en la mejora sin modificar las reglas del juego. El proceso de transformación 'lean' de una organización puede considerarse una mejora kaikaku.

- **Kakushin (nuevo + revolución).** Se traduce como innovación disruptiva y se utiliza para describir aquellos descubrimientos o ideas que permiten cambiar el statu quo de un negocio. Un ejemplo de kakushin son todas las innovaciones tecnológicas que, a partir del momento de su lanzamiento, cambian las reglas del mercado y llevan a la tecnología anterior inevitablemente hacia la obsolescencia.

El despliegue de estándares y la mejora continua son las principales actividades necesarias para el desarrollo de la compañía. Periódicamente, a fin de mantener una posición de liderazgo en el mercado, también deben contemplarse cambios radicales o disruptivos en la línea de trabajo de la organización, variando significativamente el rumbo de la empresa (p.ej: apuesta de Toyota por el vehículo híbrido).

Toda organización debe esforzarse en mantener un delicado equilibrio en el uso de cada una de las distintas tipologías de mejora. En gran medida, la supervivencia de la compañía depende de ello puesto que cada una de ellas tiene un objetivo de mejora diferente. A corto plazo, las actividades 'kaizen' facilitan la mejora de los productos y procesos actuales, algo necesario para mantenerse competitivos.

A medio plazo, una mejora radical al estilo 'kaikaku' permite una redefinición total de los estándares. Se trata de actividades necesarias para asegurar el crecimiento de la compañía.

Finalmente, en el último caso, la organización debe mantenerse en situación de alerta permanente ante todos aquellos cambios e innovaciones que puedan transformar radicalmente el negocio o impactar de manera significativa en su futuro. Es necesario cuestionar tanto las tecnologías cómo los métodos actuales, por buenos que sean los resultados, con espíritu crítico.

Es probable que esta cultura de trabajo que contempla, por un lado, diferentes rutinas de implantación y, por el otro, diferentes niveles de ambición en cada una de las acciones de mejora incomoden en cierto modo a quienes ejercen un estilo directivo más tradicional o jerárquico.

La causa de estas reticencias/resistencias se encuentra muchas veces en la percepción errónea de que toda actividad de mejora debe gestionarse y controlarse desde el equipo de dirección cuando, precisamente, este amplio abanico de opciones pretende que toda persona pueda participar de un modo u otro en la mejora continua.

En una organización 'lean' la autonomía de la que goza cada equipo o individuo en su puesto de trabajo le proporciona la capacidad de iniciar una actividad de mejora cuando lo considere necesario, generalmente como respuesta ante la detección de problemas o desviaciones.

En cierto modo, la propuesta de nuevas acciones de mejora puede venir desde cualquier ámbito (no sólo desde la dirección).

La decisión final sobre la implantación de unas u otras acciones siempre se sustentará en los datos: dicho de otro modo, si después de realizar pruebas y experimentos, los resultados avalan la implantación de las mejoras propuestas, éstas se llevarán a cabo.

Si bien es cierto que todo este proceso de descentralización de la toma de decisiones puede producir inicialmente cierta sensación de vértigo, la conclusión a que llegan algunos estudios recientes resulta por lo menos tranquilizadora: de todas las ideas y mejoras empresariales sólo el 8% tienen su origen en los departamentos especializados en investigación, innovación y desarrollo, mientras que más del 70% provienen de los trabajadores que, en su propio puesto de trabajo, identifican nuevas oportunidades para generar un mayor valor para el cliente o, por lo menos, reducir ineficiencias en el producto y en el proceso en su estado actual.

Capítulo 8
Las herramientas

En este capítulo...

Expondremos en detalle la secuencia a seguir para aplicar correctamente los principios de mejora.

Relacionaremos los principios de la mejora con las herramientas que facilitan su aplicación.

Definiremos un método para la correcta aplicación de las herramientas.

8.1 Métodos y técnicas

"Prueba de nuevo, equivócate de nuevo, equivócate mejor"
Samuel Beckett (1906-1989)

Una forma de explicar la mejora continua consiste en describirla como un conjunto de principios independientes que, sumando sus esfuerzos comparten el objetivo de reducir los costes de la empresa por la vía de eliminar las ineficiencias. La estructura en forma de casa que en los años 1980 dibujó Fujio Cho (cuando era presidente de Toyota en USA) para explicar el sistema de manera gráfica, mostraba que los principios básicos o pilares antes citados que soportaban el techo de la casa eran el 'trabajo justo a tiempo', la 'calidad a la primera' y el 'respeto a las personas'.

La razón por la que se representan estos pilares de forma independiente proviene de los propios orígenes del sistema cuyo desarrollo a partir de los años 1950 y a lo largo de mas de veinte años se edificó sobre una base eminentemente empírica y escasamente estructurada, ya que la introducción de metodologías o herramientas innovadoras se iba produciendo a medida que la empresa necesitaba dar respuesta a los problemas que iban apareciendo.

El presidente Cho se sirvió de la imagen de la casa para explicar a sus colaboradores y proveedores la filosofía de la empresa. A nuestro modo de ver, era un esquema adecuado para su propósito. Al fin y al cabo, una casa precisa de unos buenos cimientos, paredes y pilares cuya solidez permite sostener el tejado.

La estabilidad es la base fundamental sobre la que se sostiene el sistema. Una base sólida permite levantar los pilares compuestos por las personas, la calidad y los flujos de materiales e información. Con estos elementos se construye un sistema que asegure la calidad del producto, reduzca los costes de transformación, mantenga un buen nivel de servicio para el cliente y garantice la seguridad de los empleados.

Por lo tanto, el sistema de Toyota tal y como lo dibujó Cho descansa en unas líneas maestras que podemos resumir en los siguientes puntos:

- Los principios se mantienen inalterables, independientemente de las herramientas que formen parte de la estructura del edificio.
- Las herramientas por sí mismas no son el objetivo; el objetivo es construir el sistema.
- El tejado de la casa no es el objetivo; el objetivo es la casa en su totalidad.

Para entender por qué precisamente son estos los principios fundamentales de Toyota hay que recordar que cuando la empresa empezó a dar forma al sistema lo hizo en un período de posguerra en que la demanda era extremadamente variable, al mismo tiempo que todo el país sufría de una escasez generalizada de materias primas. En estas condiciones, el simple rechazo de una sola pieza por un error en la producción podía significar que no se llegara a completar un vehículo. De modo que, en ese entorno tan adverso tanto la eficiencia como la calidad adquirían un significado especialmente crítico. Fue justamente en esta época cuando el equipo de Taichi Ohno formuló las pautas a seguir para eliminar los tres tipos de pérdidas que hemos explicado en capítulos anteriores: 'muda' (operaciones de no valor añadido), 'muri' (sobrecarga y saturación) y 'mura' (variabilidad).

Sólo en aquellos casos en los que no se podía conseguir de forma directa y natural la aplicación de estas pautas se hacía necesario un trabajo específico orientado a la eliminación de las ineficiencias. Con el tiempo, estas actividades específicas se convirtieron en las ahora conocidas herramientas de mejora.

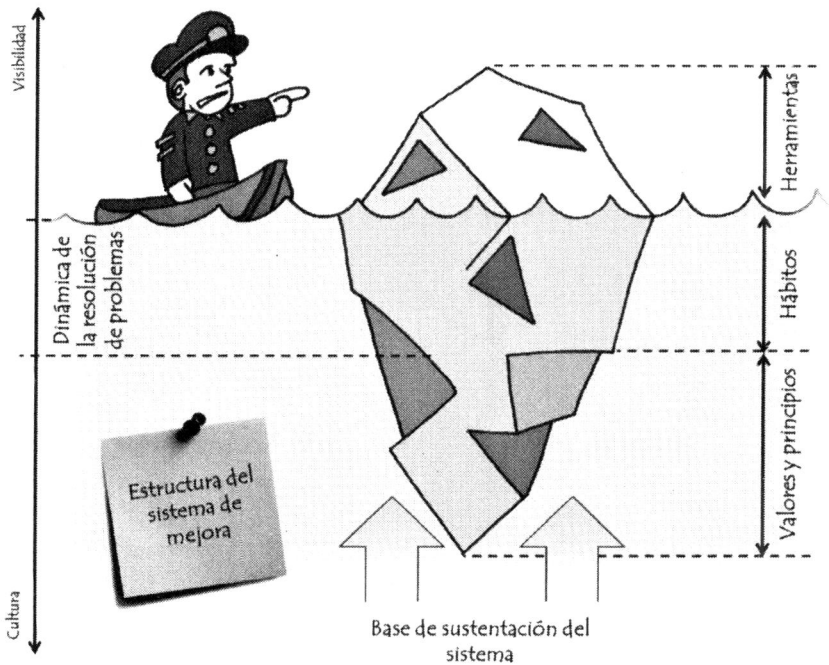

La cultura y los hábitos de trabajo constituyen la base de sustentación del sistema. Las herramientas, por otro lado, aparecen como la parte más visible del mismo, si bien constituyen una parte mínima de la estructura necesaria para la consecución de los objetivos de mejora.

Es importante recordar que estos principios responden a un esquema ideal en el que los productos se van transformando desde un estado de materias primas hasta el producto terminado siguiendo una sucesión de operaciones que le van agregando valor sin interrupciones ni rechazos, respetando en todo momento el ritmo marcado por la demanda del cliente.

En este proceso ideal, la aplicación de unas u otras herramientas resulta obligada siempre que se pone de manifiesto la imposibilidad en llegar a este objetivo de transformación continua de forma natural.

Es evidente que la selección de la herramienta a utilizar no es una decisión que pueda tomar la compañía a su libre albedrío. Todo lo contrario: son los objetivos de la organización y las evidencias extraídas del propio proceso las que muestran la necesidad de aplicar en cada caso una metodología concreta.

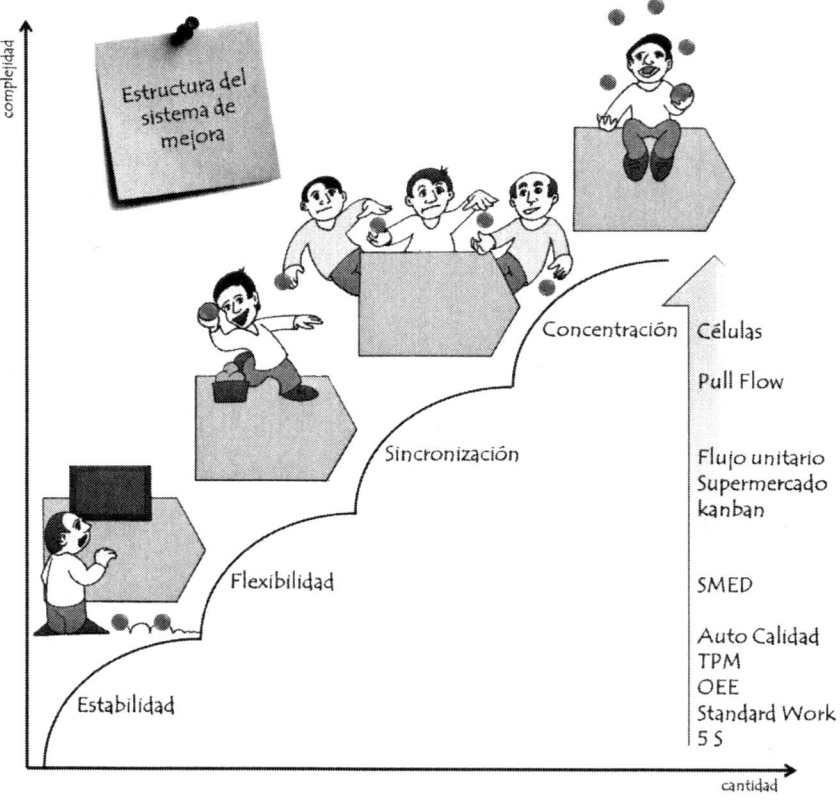

Secuencia de actividades de mejora a aplicar en un proceso de principio a fin. Paso a paso, el proceso debe crecer en estabilidad y flexibilidad hasta el punto de poder llegar a sincronizar las operaciones que lo integran y, finalmente, concentrar todas las actividades de valor añadido en una única célula.

Ello no quiere decir que no exista una lógica de trabajo o incluso una guía práctica de utilización de las herramientas de mejora. De hecho, para el caso de una organización que inicia su andadura por el camino de la cultura 'lean' podemos llegar a esquematizar una hoja de ruta que sin llegar a detallar todas y cada una de las herramientas, permite entrever cómo van a evolucionar los objetivos de los talleres de mejora a medida que la cultura de trabajo se vaya consolidando. Los siguientes conceptos representan los puntos básicos de esta guía:

- **Estabilidad.** Sólo se puede mejorar un proceso si es robusto y resulta predecible. A tal efecto las primeras acciones a implantar son aquellas que aseguran la estandarización del proceso (5S, trabajo estándar, etc.). La estabilidad es el punto de partida y el concepto clave de la mejora.

- **Flexibilidad.** Una vez conseguida la necesaria estabilidad, el siguiente paso consiste en desarrollar aquellas actividades que proporcionan agilidad al proceso. Esta agilidad permitirá trabajar con más tipos de producto, con más referencias o para un mayor número de clientes sin que los cambios de una a otra referencia supongan una pérdida de eficiencia.

- **Sincronización.** Cuando el proceso es estable y ágil es posible implantar aquellas herramientas que permiten conectar las estaciones de trabajo que comparten un mismo flujo. En este punto debemos procurar que todas las operaciones de una misma cadena trabajen al mismo ritmo y cumpliendo siempre con las necesidades del cliente. Con ello se consigue reducir significativamente el inventario en curso de nuestros procesos.

▫ **Concentración.** Finalmente, cuando los procesos cliente y proveedor funcionan en un régimen de perfecto sincronismo es posible plantear actividades de mejora que permitan concentrar todas las operaciones del proceso en una misma célula, simplificando de este modo la gestión de todo el flujo. La concentración de actividades conduce a una mejora de la productividad y una reducción de los plazos de entrega.

En mayor o menor medida, la secuencia de mejora que acabamos de explicar debe aplicarse en todos los procesos que se inicien en el mundo de la mejora continua. Obviamente, el tiempo necesario para su desarrollo puede variar según el sector o la empresa, pero, en todos los casos la secuencia a seguir debe ser la misma.

En las siguientes páginas introduciremos algunas de las principales herramientas asociadas a cada uno de los conceptos antes citados que constituyen el proceso de mejora y cómo podemos aplicarlos de forma sistemática.

Conceptos			Herramienta de mejora
Estabilidad	Productividad	→	5S
	Fiabilidad	→	OEE / TPM
	Calidad	→	Autocalidad
	Repetibilidad	→	Trabajo estándar
Flexibilidad		→	SMED
Sincronización		→	Kanban - Pull Flow
Concentración		→	Células en flujo continuo

8.2 Estabilidad: 5S

"No puedes conectar puntos mirando hacia el futuro.
Sólo puedes conectarlos si comprendes el pasado."
Steve Jobs (1955, 2011)

Solo se puede mejorar un proceso o una actividad de manera consistente y sostenible si parte de unas condiciones mínimas de estandarización. De lo contrario, cualquier acción tendrá unos resultados difícilmente sostenibles a lo largo del tiempo.

La metodología 5S siempre se ha considerado la base de la mejora continua porque permite desarrollar estas condiciones básicas necesarias en todo proceso. Se trata de una herramienta dirigida a la mejora del orden y organización del entorno de trabajo. Su principal objetivo es conseguir que los procedimientos de actuación sean eficientes y repetibles a lo largo del tiempo.

La metodología consta de 5 pasos que se deben aplicar de forma escalonada o secuencial (seleccionar, ordenar, limpiar, estandarizar y mantener). En el primero de estos pasos, es preciso analizar con una visión muy crítica los puestos de trabajo, con el fin de discernir cuáles son los elementos necesarios para el desempeño de las funciones de cada uno de los profesionales que en ellos trabajan. Todo lo que no sea necesario, será eliminado del puesto: si algo no se utiliza es que estorba.

Una vez tenemos los puestos equipados con aquello y solo aquello que es necesario, el siguiente paso consiste en ordenar cada uno de estos elementos, comprobando a la vez, que el diseño del puesto respeta criterios de ergonomía y productividad. Es en este punto cuando el equipo debe ponerse de acuerdo respecto a la ubicación y gestión de materiales de uso común. Este aspecto es de la mayor importancia puesto que a partir de ahora las necesidades objetivas del colectivo deben empezar a predominar sobre los criterios personales.

La tercera fase pone el foco en la limpieza del puesto. En esta fase es preciso verificar que las condiciones de orden y limpieza de los puestos de trabajo pueden mantenerse sin dificultad en el tiempo según se ha prescrito en las fases anteriores.

La siguiente fase es decisiva: se trata de establecer un criterio común sobre cómo vamos a trabajar en el futuro. Para ello redactaremos aquellos estándares que sean necesarios para describir las operaciones de cada puesto.

Finalmente, en la última fase de esta metodología, el mantenimiento consiste en desarrollar las herramientas, los controles y las auditorías necesarias para verificar que, con el paso del tiempo, no se producen desviaciones respecto a los estándares definidos; en caso contrario habría que poner en marcha las oportunas acciones correctivas.

El éxito de la actividad 5S radica en conseguir la participación del personal de cada puesto de trabajo con la clara finalidad que sea su propio criterio el que se aplique y comparta para la mejora de sus operaciones. Siempre es más sencillo respetar un sistema cuando se ha participado en su elaboración.

8.3 Estabilidad: TPM

"Lac creatividad no es un talento,
es una forma de trabajar."
John Cleese (1939)

Las siglas de TPM (Total Productive Maintenance) son el paraguas para todo un sistema de trabajo que desarrolló el Instituto Japonés del Mantenimiento de Plantas (JIPM) y que tenía como principal objetivo la mejora de la eficiencia y la fiabilidad de los medios de producción.

A diferencia de lo que ocurre con otras herramientas como las que forman parte del paquete de metodologías 'Lean' y que se caracterizan por un marco de implantación extremadamente flexible y adaptable a cada caso, TPM es un modelo de gestión muy estructurado que se divide en diferentes pilares y que debe implantarse respetando con rigor una secuencia determinada.

De todo el amplio abanico de herramientas que forman parte del ecosistema TPM nos interesa desarrollar solo aquellas herramientas netamente asociadas a la mejora de la fiabilidad de nuestros medios productivos con el fin de trabajar y reforzar la estabilidad de nuestros procesos. Algunas de las actividades que nos propone TPM se refieren a la reducción o eliminación de averías recurrentes, la estandarización y la planificación del mantenimiento de los equipos, la asignación de las tareas de a las personas más adecuadas en cada caso y la formación para que dichas tareas se lleven a cabo de manera eficiente.

Para que esta mejora de la fiabilidad sea una realidad, es necesario trabajar los siguientes pilares:

▫ **OEE y mejoras enfocadas.** El OEE (Overall Equipment Effectiveness) es un indicador que expresa el nivel de aprovechamiento de los procesos productivos y que, además, permite visualizar las causas principales de pérdidas de rendimiento. El hecho de conocer la existencia y la magnitud de estas pérdidas permite actuar de manera sistemática sobre ellas: las mejoras enfocadas son el plan de acciones necesario para la reducción de las diferentes pérdidas que reducen el rendimiento de los procesos productivos.

▫ **Mantenimiento Autónomo.** Las operaciones de mantenimiento autónomo son aquellas que puede llevar a cabo el personal de producción de una línea. En general, se trata de acciones de inspección, lubricación, limpieza y similares. Se trata de actividades que combinan un nivel de complejidad y dedicación bajo con una alta frecuencia de repetición.

▫ **Mantenimiento Planificado.** Las acciones de mantenimiento planificado son aquellas que deben llevarse a cabo con una cierta frecuencia por parte del personal de mantenimiento.

El objetivo de cada uno de estos conceptos no es otro que la mejora de la fiabilidad de los procesos productivos. Algunos puntos pueden implantarse de manera localizada, involucrando únicamente una línea o proceso. Otros, sin embargo, solo funcionarán si se implantan de manera transversal a toda la organización. Es por ello por lo que el TPM más que un método, es un sistema en sí mismo.

8.4 Estabilidad: Autocalidad

"La única forma de hacer un trabajo excelente
es amando lo que haces."
Steve Jobs (1955, 2011)

El concepto de 'autocalidad' equivale a integrar la producción y la calidad en todas y cada una de las operaciones del proceso. Un proceso que se encuentra en este estado es capaz de parar y separar los productos incorrectos justo en el momento en el que se produce el defecto. De este modo, se pueden identificar las causas del problema e incorporar con celeridad las acciones necesarias para evitar su recurrencia.

En un primer paso es necesario que los defectos salgan a la luz en el momento en el que se producen, en otras palabras, que la persona que genera un defecto sea capaz de detectarlo. Para ello, es básico que cada puesto de trabajo disponga de las herramientas con las que verificar la calidad de sus propias tareas, así como del resultado. Al mismo tiempo, es necesario que la persona que genera y a la vez detecta el error tenga la capacidad y autoridad para parar el proceso, y que cuando esto suceda, todos los implicados tengan información directa del motivo por el que se ha parado. Para conocer en todo momento el estado de cada centro de trabajo, los indicadores visuales también conocidos como sistemas 'andon' son de gran ayuda.

Para poder reiniciar el proceso en el menor tiempo posible y, en muchos casos, cuando todavía no se han implantado las soluciones, es condición inexcusable determinar las medidas de contención inmediatas que permitan confinar el problema dentro de un entorno controlable, evitando así que los errores se propaguen.

A continuación, si queremos encontrar la raíz de un problema es necesario que nos preguntemos de entrada 'por qué' se ha producido. Someteremos la respuesta obtenida, a un nuevo 'por qué' y así hasta cinco veces. Cada respuesta nos acerca más a una causa raíz. Esta herramienta tan sencilla (5 por qué's) permite definir aquellas acciones que actuarán directamente sobre las causas y en consecuencia sobre el propio problema.

Finalmente, una vez se han erradicado las causas de un problema se pueden retirar los controles temporales que se habían implantado.

Finalmente, para ser fieles a los principios de la 'autocalidad', deberíamos erradicar toda acción de control extraordinario del proceso, potenciando en su lugar la incorporación sistemas antierror (denominados 'poka-yoke'). Un 'poka-yoke' es un dispositivo que, o bien sólo permite generar un producto correcto, o bien evita que los errores avancen aguas abajo.

Aunque existe un buen número de herramientas dirigidas a la mejora de la calidad, debemos señalar el hecho que, con este enfoque, con independencia de la metodología que se aplique, siempre mantenemos el propósito de integrar en cada una de las operaciones del proceso la calidad en la misma producción evitando así la dualidad que en muchos casos existe entre la producción y el control.

8.5 Estabilidad: Trabajo estándar

"Aquello de lo que más te arrepientes
es aquello que no hiciste."
Steve Jobs (1955, 2011)

La estandarización es uno de los principios básicos cue deberíamos aplicar en todas las áreas de la organización. Los estándares aportan estabilidad y repetibilidad al proceso en aspectos tan diversos como son la calidad, la productividad o el servicio.

Pero los beneficios de la estandarización no se limitan al rendimiento de un proceso, sino que constituyen la columna vertebral sobre la que se sustenta una organización orientada al aprendizaje continuo. Los estándares sirven para describir el funcionamiento actual de un proceso y son la base tanto para la capacitación de nuevos colaboradores como para la innovación de dicho proceso.

De manera general, podemos definir un estándar como el documento que describe las pautas de trabajo asignadas a cada profesional para la realización de su actividad. En este documento se especifica la secuencia de operaciones de que consta un ciclo de producción de forma pormenorizada para cada puesto de trabajo, así como el tiempo estipulado para cada una de ellas. Se trata, por tanto, del documento que describe el QUÉ, el CÓMO, el CUÁNDO, el CUÁNTO, el DÓNDE y el QUIÉN de cada una de las operaciones del proceso.

La metodología que se debe seguir para su redacción es sencilla, pues simplemente tenemos que realizar un seguimiento de las tareas y las operaciones de cada proceso identificando la secuencia de tareas óptima para generar el producto.

Al finalizar toda esta actividad, cada uno de nuestros colaboradores dispondrá de un documento que describe cómo debe desarrollar las tareas que le afectan, para cada uno de los procesos en los que participa.

Es importante destacar que, con este enfoque, estandarizamos el proceso y no a la persona. La naturaleza cambiante de ciertos procesos, en función de las necesidades del cliente (interno o externo), imposibilitan cualquier intento que vaya en la dirección de estandarizar la jornada laboral de una persona. Sin embargo, incluso en estos contextos cambiantes, resulta relativamente sencillo estandarizar un proceso según la metodología explicada. En este sentido, la jornada laboral se convierte entonces en una suma de actividades asociadas cada una de ellas a un proceso. Para su ejecución, cada persona dispondrá de tantos estándares como procesos en los que participe.

Una analogía que ayude a comprender la importancia de esta estandarización del puesto sería pensar en el estándar como la partitura del proceso, el esquema de trabajo. Del mismo modo que una orquesta difícilmente podrá interpretar una obra con la necesaria coordinación, precisión y ritmo, sin el apoyo de una partitura común para cada uno de los músicos, el personal que trabaja en un proceso precisa de estándares comunes para trabajar de forma eficiente.

8.6 Flexibilidad: SMED

"El fracaso es la oportunidad de empezar de nuevo,
de manera más inteligente."
Henry Ford (1863-1947)

Una vez disponemos ya de un proceso estable y robusto es preciso desplegar aquellas herramientas que permiten mejorar su flexibilidad para adaptarlo a las necesidades del cliente. Entendemos como flexibilidad la capacidad de realizar un cambio de referencia en una línea de producción sin que el mismo suponga una pérdida de tiempo sustancial.

SMED es el acrónimo de 'Single Minute Exchange of Die', lo que podríamos traducir libremente como la forma de realizar un cambio de utillaje o referencia en menos de diez minutos. Esta herramienta de mejora fue desarrollada principalmente por Shigeo Shingo en los años 1950 durante la época que estuvo trabajando en Toyota. Con la aplicación sistemática de esta metodología consiguió reducir de forma significativa los tiempos de cambio en un gran número de procesos de naturaleza muy diferente. Los pasos que se deben seguir para la realización de un SMED son las siguientes:

□ **Identificar las actividades del cambio.** Observación del cambio fraccionándolo en pequeñas actividades, registro de los tiempos empleados en cada actividad elemental, medición de las distancias que recorren los operarios que realizan el cambio, y análisis de las herramientas necesarias.

Para ello, es recomendable la grabación del proceso de cambio porque permite su análisis posterior y la formación del personal implicado en esta operación.

- **Separar actividades internas y externas.** Una vez recopilada la información del cambio, es preciso diferenciar qué actividades de este se realizan con la equipo o proceso parado (actividades internas) de aquellas que se ejecutan con el equipo o proceso en marcha (actividades externas).

- **Convertir actividades internas en externas.** Dentro del conjunto de las actividades que se realizan con el equipo o proceso parado (actividades internas), evaluar cuáles se pueden realizar con el equipo o proceso en marcha y convertirlas en actividades externas.

- **Optimizar todas las actividades.** En este punto debemos eliminar aquellas actividades no necesarias y optimizar el resto para tratar de minimizar el tiempo empleado en llevarlas a cabo. La simplificación es la clave de la optimización.

- **Estandarización y planificación.** Elaboración de un estándar del nuevo proceso de cambio que permita la formación del personal. Planificar las acciones necesarias para la extensión de este nuevo método de cambio a áreas similares.

El principal objetivo del SMED consiste en reducir el tamaño de lote de producción en un porcentaje similar a la mejora conseguida de los tiempos de cambio. De este modo se puede cambiar más a menudo, produciendo una cantidad de producto similar a la cantidad solicitada por el cliente sin que ello penalice la eficiencia del proceso.

8.7 Sincronización: Pull Flow

"El mundo no se construyó un día y para el resto de los días; el mundo se construye cada día."
Samuel Beckett (1906-1989)

En este apartado vamos a introducir uno de los conceptos más emblemáticos del sistema de gestión de Toyota. Se trata del "pull-flow" y nace de la idea de que el proceso debe funcionar sólo cuando existe una demanda de producto por parte ael cliente evitando caer en el error, muy corriente por otra parte, de consumir recursos de todo tipo para producir bienes que no responden a necesidades reales.

Como pasos previos al trabajo en 'pull' es necesario lograr que el proceso sea estable y flexible, dos conceptos que hemos tratado en los apartados anteriores. La estabilidad aporta seguridad y predictibilidad en la producción. La flexibilidad por su parte es necesaria para reponer solo la cantidad que el cliente precisa en cada momento.

Para alcanzar este objetivo de sincronización entre operaciones es necesario romper la estructura tradicional formada por secciones especializadas en operaciones y en su lugar conectar todas las estaciones de un mismo proceso como si de un tren de engranajes se tratara. En el momento que empieza a girar uno de los engranajes, todos los demás reaccionan. En este caso y, a diferencia de lo que sucede en un tren de engranajes, en un proceso de sincronización de estaciones productivas debemos prever entre cada una de las estaciones la presencia de una cierta cantidad de producto en curso que actúa como un amortiguador entre estaciones consecutivas y compensa las pequeñas diferencias en su ritmo de funcionamiento. A medida que la estación de trabajo 'cliente' retira materiales para la producción, se genera una orden de reposición en el proceso 'proveedor' para que produzca la cantidad estándar equivalente de material consumido. Durante el período de tiempo que precisa la estación 'proveedor' para reaccionar y reponer el producto retirado, la estación 'cliente' se abastece del producto en curso.

Con este sistema, en cada estación de trabajo, el operario dispone de información en directo de las necesidades de su cliente inmediato (interno o externo). La retirada por parte del cliente inmediato de estos productos almacenados entre un proceso y otro generan una orden directa de reposición que dispara la producción de las referencias consumidas.

Como resulta evidente, este proceso de pedidos y entregas entre estaciones de trabajo no responde a una planificación de producción centralizada ni genera ningún tipo de orden de trabajo fuera del proceso. Tanto las necesidades como la demanda interna se gestionan dentro del propio proceso.

Con este enfoque, aumenta de manera significativa la capacidad de reacción de los procesos ante cambios inesperados y se reduce claramente el lead time.

8.8 Concentración: Flujo continuo

*"No soy especialmente inteligente ni mucho menos
talentoso. Lo que sí soy es extremadamente curioso"*
Albert Einstein (1879-1955)

El proceso de concentración de operaciones y creación de un flujo continuo consiste en agrupar todas aquellas actividades que habitualmente se llevan a cabo en varias estaciones independientes e integrarlas en una única célula de trabajo. Con ello se pretende obtener el producto final mediante una transformación secuencial pieza a pieza y de inicio a fin, a diferencia del sistema tradicional de producción basado en puestos especializados donde las piezas son procesadas en lotes.

Esta fase de mejora no es sino la evolución lógica que sigue al paso anterior en el que ya habíamos logrado la sincronización entre las diferentes operaciones de un mismo proceso, estableciendo unos stocks fijos que se iban reponiendo al mismo ritmo que el cliente consumen el producto.

En este siguiente paso, se trata de reducir este stock entre operaciones a la mínima expresión. En realidad, el objetivo final consiste en combinar y reducir incluso el número de operaciones que integran el proceso manteniendo idealmente solo una pieza de inventario en curso entre las operaciones resultantes.

Para llevar a buen puerto esta actividad de concentración de operaciones necesitamos en primer lugar, equilibrar la carga de trabajo de todas las operaciones que forman parte de un mismo proceso. Esto se consigue combinando operaciones o bien ajustando la cadencia de producción de ciertos equipos para igualarla al ritmo global del proceso.

En muchos casos este ejercicio es realmente complejo y nos obliga a repensar todas las operaciones desde sus cimientos, utilizando la demanda del cliente como la única referencia válida para el diseño. En compensación, los beneficios derivados de esta actividad son altamente positivos:

▫ Reducción sustancial del 'lead time' del proceso y aumento del ritmo de transformación del producto, consecuencia de la reducción drástica de inventarios de materiales en curso.

▫ Aumento de la productividad global del proceso como resultado de la eliminación de operaciones de no valor añadido (p.ej. transporte de piezas entre estaciones).

Después de un período de rodaje y a medida que los resultados del proceso se van consolidando, debemos abordar el último paso consistente en calcular el número de puestos que vamos a necesitar para satisfacer la demanda del cliente. Para ello, debemos comparar el tiempo total de proceso con la demanda del cliente (takt time, ver capítulo 3). El resultado de este ejercicio permite establecer el número de células necesarias a implantar. Cada una de estas células será capaz de producir la totalidad del producto de inicio a fin y, el número de ellas que esté trabajando en cada momento dependerá únicamente de la demanda.

8.9 La fórmula mágica

"No tener problemas
es el mayor de los problemas"
Taiichi Ohno (1912-1990)

Hace unos treinta años, Toyota no pasaba de ser una empresa de tamaño mediano dentro de una escala del sector automovilístico. En las últimas décadas, el grupo se ha convertido en el mayor constructor de vehículos del mundo. La mayoría de estudios consideran que esta evolución se debe en gran parte a la aplicación sistemática de técnicas y metodologías de mejora continua. Sin embargo, y tal como hemos visto en capítulos anteriores, es sorprendente comprobar que a pesar de que gran cantidad de empresas han adoptado las herramientas de mejora de Toyota, son pocas las que han conseguido modificar su cultura de trabajo hasta el punto de conseguir unos resultados equiparables a los de Toyota.

Aunque la mayoría de nosotros sabemos que no hay atajos en el proceso de implantación de un sistema de mejora, sigue siendo recurrente el preguntar cuál es el secreto del éxito. Lo cierto es que no hay ningún secreto ni tampoco existe una varita mágica que nos permita saltar desde la casilla inicial del tablero de juego hasta la casilla final, aquella en la que supuestamente disfrutamos ya de todos los resultados anhelados. No obstante, sí que podríamos definir una fórmula que, sin ser mágica, será de gran ayuda para aquellas organizaciones que la utilicen como ideario en la implantación del sistema:

$$RHG \times 2ASP \times WP$$

Para entender la fórmula describiremos cada uno de los tres términos que la componen:

▫ **'Respeto, humildad y generosidad' (RHG).** La incorporación de estos valores induce un cambio progresivo en el estilo de liderazgo de la organización. Los organigramas tradicionales promueven un estilo directivo caracterizado por la relación de autoridad entre jefe y subordinado. En una organización 'lean' el organigrama piramidal desaparece al mismo tiempo que se diluyen las fuerzas de dependencia jerárquica. En esta nueva organización los departamentos tradicionales adquieren el rol de funciones soporte, cuya principal misión es la de atender a las necesidades de las áreas que generan valor (producción) con la máxima voluntad de servicio.

▫ **'Acción sobre el proceso' unido al desarrollo de 'actividades de solución de problemas' (ASP).** Este segundo bloque constituye la base del cambio cultural de la organización. Consiste en instaurar una dinámica de resolución de problemas de aplicación diaria a todos los niveles de la organización. Con el tiempo, todo el personal irá adquiriendo el hábito de analizar los problemas y determinar las contramedidas oportunas sobre el terreno, justo en el lugar en el que se ha producido la desviación a corregir.

▫ **'Workshops periódicos' (WP).** Este tercer bloque consiste en organizar con una periodicidad constante, talleres encaminados a la mejora de ciertas áreas o procesos. Para cada una de estas actividades se debe fijar una serie de objetivos concretos sobre los que trabajará el equipo multidisciplinar que participa en el taller de mejora. El principal reto al que se enfrenta este bloque estriba en instaurar una disciplina de aplicación y seguimiento de las mejoras.

Estos tres bloques constituyen la clave del desarrollo de una cultura de la mejora en la organización. Queremos llamar la atención sobre el hecho que el resultado de la fórmula viene determinado por el producto y no por la suma de los tres términos. Por lo tanto, es necesario trabajar decididamente en cada uno de los tres bloques a la vez si deseamos un resultado satisfactorio.

Una vez hemos introducido estos tres términos de la fórmula en nuestro proceso de mejora podemos entrar a valorar las herramientas a utilizar en cada uno de los workshops. Sin embargo, por lo que se desprende de la misma fórmula y como venimos explicando en todo el libro, resulta evidente que las claves del éxito no las vamos a encontrar de ningún modo en estas herramientas. Es por ello por lo que queremos lanzar una última reflexión a quien desee iniciar el camino de la mejora continua sobre la que no es ocioso insistir: **no existen atajos en el proceso de transformación**.

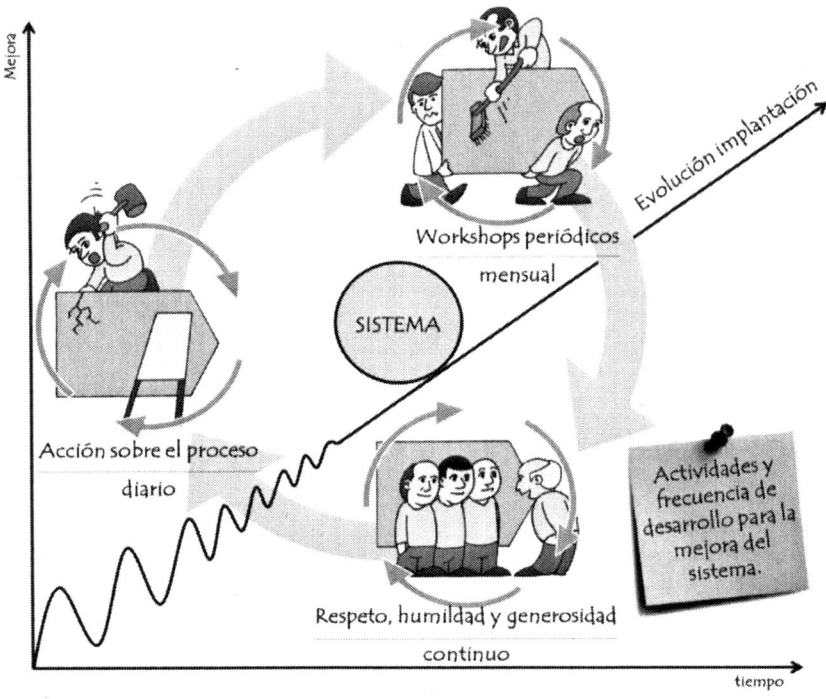

Representación gráfica de la fórmula de implantación del sistema de mejora continua.

Toda mejora pasa por instaurar una cultura de trabajo diferente. Aunque pueda parecer paradójico, si echamos un vistazo sobre la evolución que han sufrido las empresas desde su fundación hasta el momento actual podremos comprobar que, en la mayoría de los casos el periodo en el que trabajaron aplicando de manera integral, -aunque sin ser conscientes de ello- los principios 'lean' fue en sus inicios, cuando las estructuras organizativas todavía eran moldeables.

Es el éxito lo que las lleva a crecer, a burocratizarse y a concentrar su atención en medir una serie de parámetros que nada tienen que ver con la esencia de la empresa. En esta trayectoria de expansión y crecimiento, las prioridades se diluyen y la atención del personal se dispersa en temas que poco o nada tienen que ver con el propósito de la organización.

Para entender este proceso es de gran utilidad la imagen de un árbol como ejemplo representativo de una organización. En una primera etapa, cuando plantamos el árbol, dedicamos todos nuestros esfuerzos a protegerlo y a asegurar su crecimiento: lo regamos con frecuencia, retiramos las malas hierbas que puedan amenazar su espacio vital y controlamos la calidad del suelo. Gracias a todo ello, la planta crece con fuerza.

En este periodo inicial todos los que trabajamos en la organización medimos el éxito de nuestras acciones tomando como base el ritmo de crecimiento y la resistencia de la planta. Dedicamos en definitiva todas nuestras energías a proteger la organización de las amenazas del entorno y asegurar su crecimiento. Nos preocupamos por el proceso, por el producto y por el impacto de todo lo que hacemos en el cliente.

Gracias a estos esfuerzos, a partir de cierto momento, el árbol nos recompensa con sus frutos.

Estos frutos, -los beneficios-, se obtienen como consecuencia del trabajo realizado dirigido casi exclusivamente al crecimiento de la empresa. No obstante, a partir del momento en el que se producen beneficios es probable que, la organización se enfoque prioritariamente hacia la consecución de estos frutos en lugar de mantener los objetivos originales.

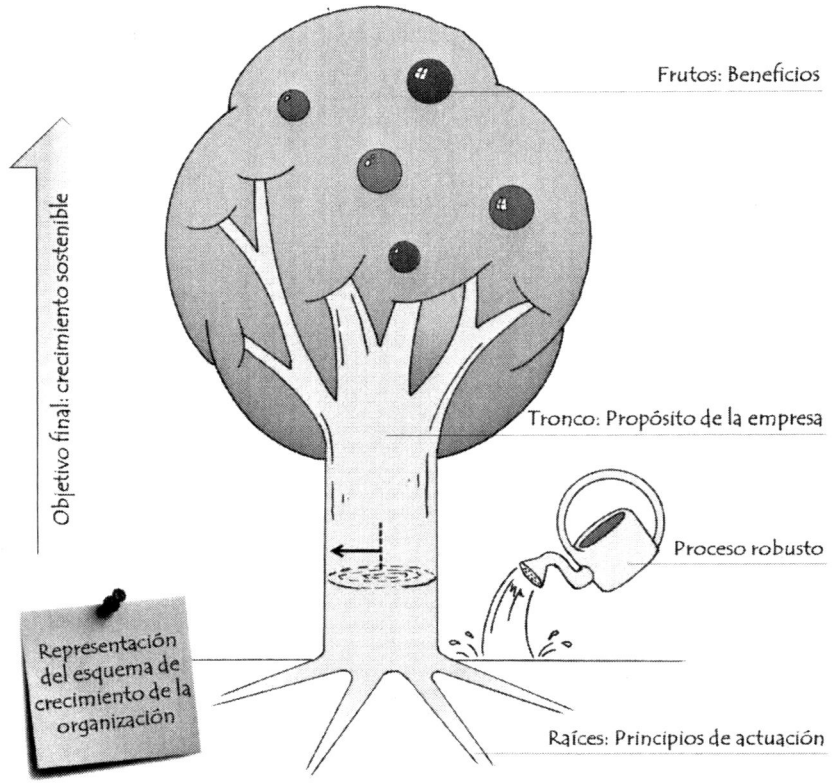

Frutos: Beneficios

Objetivo final: crecimiento sostenible

Tronco: Propósito de la empresa

Proceso robusto

Representación del esquema de crecimiento de la organización

Raíces: Principios de actuación

Representación gráfica de la metáfora del árbol para el desarrollo de objetivos.

El hecho de medir el resultado de la empresa con relación a los frutos conseguidos constituye una deriva peligrosa del objetivo inicial. La evolución de la empresa, en esta representación debe medirse tomando como base los anillos de crecimiento del tronco del árbol. Sólo este crecimiento nos permite asegurar un futuro sostenible.

Esta metáfora nos ayuda a entender por qué el periodo de la vida de una empresa en el que su gestión es más eficiente y simple es en sus inicios, cuando la dirección está en contacto continuo con el proceso, participando en la resolución de problemas y en la toma de decisiones. Es en este periodo cuando todo el equipo está centrado en el crecimiento de la empresa pensando más en el cliente que en el beneficio resultante.

Este espíritu crítico y hasta cierto punto de provisionalidad permanente, característico de estos primeros tiempos de vida de la organización, es el que debe perdurar. La mentalidad orientada a aprender y desaprender continuamente.

Todo es transitorio y todo puede y debe cambiar si alguien descubre una mejor forma de trabajar.

Bibliografía

F.Ballé, M.Ballé, 2005. *The gold mine.* Lean Enterprise Institute

M.Ballé, F.Ballé, J.Liker, 2009. *The lean manager: A Novel of Lean Transformation.* Lean Enterprise Institute

M.Ballé, F.Ballé, J.Womack, 2014. *Lead with respect: A Novel of Lean Practice.* Lean Enterprise Institute

M.Baudin, 2002. *Lean assembly. Productivity Press*

M.Baudin, 2005. *Lean Logistics. Productivity Press*

B.Bloom, 1985. *Developing talent in young people.* Ballantine Books Inc.

J.Colletti, 2013. *The Hoshin Kanri Memory Jogger.* GOAL/QPC

D.Coyle, 2009. *The talent code. Greatness isn't born, It's grown.* Random House Books

J.Cunningham, 2003. *Real Numbers: Management accounting in a Lean Organization.* Managing Times Press

P.Dennis, 2010. *Andy & Me, Second Edition: Crisis & Transformation on the Lean Journey.* CRC Press

C.Duhigg, 2012. *The power of habit: Why we do what we do and how to change.* Random House LLC.

B.Emiliani, K.Yoshino & R.Go, 2015. *Kaizen Forever.* The CLBM

B.Emiliani, 2015. *Shingijutsu-kaizen, the art of discovery and learning.* The CLBM

B.Emiliani, 2015. *Lean teaching: a guide to becoming a better teacher.* The CLBM

C.H.Fine, 1998. *Clockspeed. Winning Industry Control in the Age of Temporary Advantage.* Perseus Books

T.Fujimoto , K.Shimokawa, J.Womack, W.Miller, 2009. *The Birth of Lean.* Lean Enterprise Institute

S.Flumerfelt & P.Soma, 2012. *Transforming the way we do business.* Characatership Lean Publishing Inc.

M.Gil, 2008. *Lean Logistics: la logística en forma.* Actio Books

M.Gil, 2010. *Lean Office: la oficina eficiente.* Actio Books

M.Gladwell, 2008. *Outliers: The story of success.* Little, Brown and Co.

I.Glenday, 2006. *Breaking through to flow.* Lean Enterprise Institute

E.M.Goldratt, 2013. *La meta.* North River Press

E.M.Goldratt, 2013. *No es cuestion de suerte.* North River Press

M.Graban, 2016. *Lean Hospitals.* CRC Press

D.Gray, S.Brown & J.Macanufo, 2010. *Game storming.* O'Reilly

S.Guise, 2013. *Mini habits: smaller habits, bigger results.* Minihabits TM

J.Hiatt, T.Creasey, 2003. *Change Management: The People Side of Change.* Prosci Inc.

S.Hoeft, 2010. *Stories from My Sensei: Two Decades of Lessons Learned Implementing Toyota Systems.* McGraw-Hill Professional

M.Imai, 2000. *Kaizen: la clave de la ventaja competitiva japonesa.* Grupo Patria Cultural

M.Imai, 2001. *Cómo implementar el Kaizen en el sitio de trabajo.* Mc Graw Hill

S.Ismail, 2014. *Exponetial Organizations*. Diversion Books

C.Kenney, 2011. *Transforming Health Care: Virginia Mason Medical Center's pursuit of the perfect pacient experience*. Productivity Press

B.Keyte, 2004. *The complete lean enterprise: Value Stream Mapping for administrative and office processes*. Productivity Press

G.Koenigsaecker, 2013. *Leading the lean Enterprise transformation*. CRC Press

J.P.Kotter, 2005. *Our iceberg is melting: how to succed in any changing conditions*. St.Martin's Press

J.P.Kotter, 2012. *Leading Change*. Harvard Business Review Press

R.kurzweil, 2012. *How to Create a Mind: The Secret of Human Thought Revealed*. Penguin Books

J.K.Liker, 2004. *The Toyota Way: Las claves del éxito de Toyota*. Mc.Graw Hill

D.Mann, 2015. *Creating a Lean Culture: Tools to sustain Lean convertions*. Productivity Press

K.Martin, 2012. *The outstanding organization*. McGraw-Hill Professional

K.Martin, M.Osterling, 2012. *Value Stream Mapping: How to Visualize Work and Align Leadership for Organizational Transformation*. McGraw-Hill Professional

R.O.Martichenko, 2008. *Everything I know about lean I learnd in first grade*. Lean Enterprise Institute

B.Maskell, B.Baggaley, L.Grasso, 2011. *Practical lean accounting*. Productivity Press

M.E.May, 2016. *Winning the brain game: fixing the 7 fatal flaws of thinking*. Mc Graw Hill

J.M.Morgan y J.K.Liker, 2006. *The Toyota product development system*. Productivity Press

D.J.Nightingale, J.Srinivasan, 2011. *Beyond the Lean Revolution: Achieving Successful and Sustainable Enterprise Transformation*. AMACOM

S.Obara, D.Wilburn, 2012. *Toyota by Toyota: Reflections from the Inside Leaders on the Techniques That Revolutionized the Industry*. CRC Press

T.Ohno, 1991. *El sistema de producción de Toyota*. Ediciones Gestión 2000.

A.Osterwalder & Y.Pigneur, 2010. *Generación de modelos de negocio.* Wiley

P.Pande, R.Neuman & R.Cavanagh, 2014. *The Six Sigma way.* McGraw-Hill Professional

E.Ries, 2011. *El método lean startup.* Deusto

M.Rother, 2017. *Toyota Kata.* Profit Editorial

J.Solomon, . *Who's counting? A lean accounting B. novel.* WCM Associates

S.Spear, 2009. *Chasing the rabbit.* Mc.Graw Hill

D.Tapping, S.Kozlowski & L.Archbold, 2009. *Value Stream Management for healthcare.* MCS Media Inc.

D.Wands, S.Lilly, 2012. *Cook up some change; Kaizen recipes for the Lean Office.* BMA Press

J.Womack & D.Jones, 2005. *Lean solutions.* Free Press Business

J.Womack & D.Jones, 1996. *Lean thinking.* Free Press Business

J.Womack & D.Jones, 1990. *The machine that changed the world.* Free Press Business

J.Womack & J.Shook, 2013. *Gemba Walks.* Lean Enterprise Institute

A.Zak, 2011. *Simple Excellence: Organizing and Aligning the Management Team in a Lean Transformation.* Productivity Press

Varios autores, 2013. *Taichi Ohno's workplace management.* Mc Graw Hill

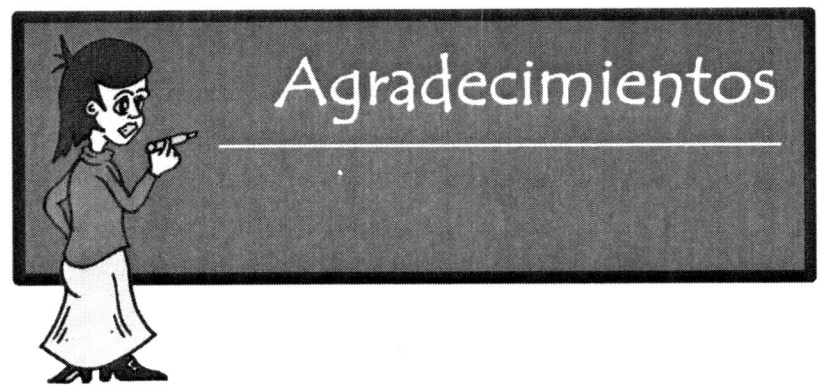

Agradecimientos

Quisiera aprovechar las últimas líneas de este libro para dedicar unas palabras de agradecimiento a todas aquellas personas con las que, a lo largo de los últimos años, he tenido la oportunidad de compartir la experiencia de implantar un sistema de mejora continua. Sin lugar a dudas de todas ellas he aprendido, algo que, de un modo u otro, ha contribuido a enriquecer este libro.

Por otro lado, en un terreno más personal debo agradecer a toda mi familia su paciencia, comprensión y apoyo que en todo momento me han acompañado.

Finalmente, y de modo especial, debo un reconocimiento para mi hermana y mi padre cuyas observaciones, comentarios, la revisión del texto, así como las innumerables correcciones y sugerencias han sido de gran ayuda para hacerlo mas comprensible para el lector.

Acerca del autor

Màrius Gil

Màrius Gil es el fundador de Apex Mindset. Está especializado en la transformación empresarial a través de las mejores prácticas de Lean, Agile, Six Sigma, Organizaciones Exponenciales e Innovation Sprints. Es consultor además de docente en programas de posgrado y máster en varias escuelas de negocios.

En su actividad de consultoría, durante los últimos 20 años ha acompañado a más de 150 organizaciones en procesos de transformación organizativa.

Es autor de varios libros y artículos dirigidos a la difusión de la mejora continua y publica periódicamente artículos relacionados con la innovación en procesos y la cultura organizativa en revistas especializadas.